寻根溯源学汉字 一字一世界 轻松易懂又有趣

一字一世界

⑨

K–L

颜煦之 著

认识汉字·理解汉字·掌握汉字·运用汉字

CNS PUBLISHING & MEDIA 湖南教育出版社

图书在版编目（CIP）数据

一字一世界. 9, K-L / 颜煦之著. —长沙：湖南教育出版社，2019.4
ISBN 978-7-5539-6415-7

Ⅰ. ①一… Ⅱ. ①颜… Ⅲ. ①汉字—通俗读物 Ⅳ. ①H12-49

中国版本图书馆CIP数据核字(2018)第232501号

责任编辑：李　好
丛书策划：申晓华
版式设计：申曜年
审读统筹：申晓华
责任校对：韦晓慧

一字一世界　9, K–L
YI ZI YI SHIJIE　9, K–L

出版发行：湖南教育出版社
（地址：湖南省长沙市韶山北路443号　邮编：410007）
经　　销：全国新华书店
印　　刷：北京盛通印刷股份有限公司
（地址：北京市经济技术开发区经海三路18号）
版　　次：2019年4月第1版
印　　次：2019年4月第1次印刷
开　　本：787 mm×1092 mm　1/16
印　　张：13
字　　数：160千
定　　价：39.80元
书　　号：ISBN 978-7-5539-6415-7

序

曹文轩

为他人写序无数，还从来没有一次像写这个序那样踌躇，那样焦虑，那样迟迟不能下笔，一再延宕。本是一件“轻而易举”的事，却总是不能完成，几乎日日纠结在心。自己都觉得奇怪。今天，终于坐到了桌前。因为，实在不能再拖延了——那边在急切地等着发稿呢。

造成如此状况，大概是因为我和煦之先生的友情实在太深、太浓、太厚了——总想写一个对得起朋友的序，正是这番对友情的特别在意，使得自己反而一拖再拖难以落笔了。

其实，这个序写得好或坏是无所谓的，甚至可以没有这个序，因为，他做的事，白纸黑字都明明白白地摆在眼前，其价值和意义是不用人再絮叨的。写个序，只是戴个“帽子”，不至于看上去太“秃”罢了，将区区一个小序看得那样“严重”，实在没有必要。

两年前在南京与煦之先生相会，他送了我一套他著的趣谈汉字的书，厚厚四册，我当时十分吃惊。回到酒店，埋在沙发中翻看，见他做的竟然还是含了学术——甚至是很学术的事情，更是吃惊。后来，我遇见谁都会提起这套书，一说书的妙、书的趣；二说煦之先生做事总不按常规，动不动就干出出人意料的事情来。不久，与好友方国荣先生谈出版之事，听他兴致勃勃地说要做一套关于汉字与人生方向的书，便立即将煦之先生的著作介绍给他。他也吃惊不小，很快就和煦之先生联系上了，没想到煦之先生竟神奇地又成就了一套方国荣先生心中所希求的新书。

此套书共十一册，还是关于汉字的。

细想想煦之先生做成此事，其实也无令人吃惊之处。他这个人，既是性情中人，又是一个执专心的人。一旦决定做一件事了，天底下也就只有这样一件事了。雷打不动，五头大牛未必能将他拽回。若是在夏季做事，你都能想见他干活时的样子：将门关住，短裤背心，甚至赤膊上阵，宽阔的脑门子上汗津津的，短而厚的手捉住笔就不肯放下，困顿时冲冲凉水澡，拍拍胸脯，拍拍脑门，提提神，接着再干。你以为他做的事，总出乎情理，而事实上，他做事就像他的体型一般稳重，方而正。这也是他的品格。

这一回，他的事做得有点大。

汉字文化，是个大题目，是一个意义非凡的大题目。九年义务教育新课程标准已经出台，与此前课标相比，其中一条被特别强调：要使学生懂得，汉字不只是一种纯粹的书写符号，也蕴含深厚的文化。煦之先生的研究事先当然与新课标毫无关系，只是他的思考与新课标的新维度暗合了。这也许是真知灼见者的不谋而合——所谓“英雄所见略同”。这套书，无意中可成为日后学生和语文老师学习、讲解语文的难得的参考书籍。

汉字是中国人极端聪明、非凡才智的结晶。有人在拿它与种种拼音文字进行比较时，故作深刻地说拼音文字是高度抽象能力的结果，那意思是说人家的东西要比我们的技高一筹。此等说法，不免肤浅。他们将象形文字的汉字，看成了依样画葫芦式的幼稚了，殊不知它的抽象能力其实是无与伦比的。这一个个神秘的方块字，无所不能，说事说理，皆妙不可言。我们可用它最完美地叙述这个世界，也可用它阐述这个世界上最精辟的原理和哲思。它的高度活性，字与字之间的微妙差异以及组词之后的无限能力，是任何一个熟练掌握它的人都会感到惊讶的。它是“魔方”。具象与抽象的完美统一，已抵达天造地设般的境界，使人觉得它本是造物主所使用的文字，是天然的。

更妙的是，一个个字，并不只是说事说理的符号，它们自身就是有意味的，甚至是有无穷意味的，一个个都是可以加以解读和欣赏的。从它们诞生的那一刻开始，它们就负载了若干意味。它们在不断变形的过程中，还暗含了历史的变迁。到了今天，每一个字，都有它的历史。“一字一世界”，还不抽象吗？抽象程度还要多高？可它确实又是形象的，因此，它与别种文字相比，又有了一个特殊的功能：审美。

它直接产生了一门艺术：书法。

从古至今，那些书法大家，用他们各具特色的书写，为我们提供了一个丰富的艺术世界。这个世界陶冶了中国人的性情，提升了中国人的生命境界。

煦之先生对汉字的认识价值和审美价值的理解与分析，就在这十一册书中。

写到此处，我忽然想起两件事来。一件是，好几年前，有个思维独特的年轻人四处奔走，并到处分发传单，说他经过长时间的研究发现，以英语为代表的拼音文字，其实也是一种象形文字。可是没有一个专家理会他。现在，这个年轻人不知到哪里去了，不知是否还在坚持他的“异端邪说”、继续他的“荒唐”研究。另一件是，一个大规模的制作和推广英语电子词典的公司的老板，向我展示了他的研究成果。他的研究成果与那个年轻人的结论一致，只是更加学理化：英语，也是一种象形文字。他当场向我解读了一个个英语单词，告诉我它们都是“象形的”。这个老板是学英语出身的，我当然不敢苟同他们的看法。但这两件事，倒使我看到了一个认识上的变化：作为象形文字的汉字，倒成了人家比附的文字了。

进入汉字魔方吧，其乐无穷。

2014年11月1日于北京大学蓝旗营小区

曹文轩，当代著名作家，精擅儿童文学，任北京作家协会副主席，北京大学教授，现当代文学博士生导师，儿童文学委员会委员，中国作家协会鲁迅文学院客座教授，是中国少年写作的积极倡导者、推动者。主要文学作品有《山羊不吃天堂草》《草房子》《天瓢》《红瓦》《根鸟》《细米》《青铜葵花》《大王书》等。

自序

当你拿起这本书，翻到这一面，我们就算有了一面之交。我很想拉着你的手，跟你聊两句。不多，就这么几句。

我这人一生与书有缘：读书、教书、编书、写书、出书、卖书、藏书……虽然如此，而今我却还是常读错字、写错字、用错字，还有很多不认识的字。究其原因，跟自己菲才寡学、天资愚钝有关。另外，恐怕跟汉字既多又难认难记有关。

汉字大约有十万个，常用的虽然只有三千来个，但要记住却非易事。据说，外国人把最难办的事说成“这比学汉字还难”。正因为此，近几十年来，国家成立专门机构，搞汉语拼音和汉字简化。

如今，全球有数千万“老外”学汉语，加上母语为中文的华人，使用汉字的多达十四亿人。怎样让这么多人轻松愉快地学汉字，是件十分有意义的事。我愿为此稍尽绵薄，所以编写了这本书。

汉字，是世界文化的明珠，是中华民族的骄傲。汉字，是先民们历经数千年，把对自然和社会的认识，巧妙地移植到一笔一画上而形成的。汉字，源远流长，魅力无穷，超群绝伦，华夏儿女应该发扬继承。

汉字，不仅仅是符号。对汉字，光凭眼睛看是不够的，形、音、义三位一体，那得细细品味，慢慢咀嚼，才能品出味儿来。有些字，是一幅生动的图画；有些字，是一个有趣的故事；有些字是一段复杂的历史；有些字，说的是生活常理；有些字，谈的是科学道理；有些字，讲的是深刻的哲理。每一个字，都值得我们欣赏、品味和探讨。若三五同好，聚在一起，谈古说今，咬文嚼字，得其三昧，那真是其乐无穷。

前人和当今有识之士，对汉字做了大量深入的研究，著述浩如烟海，硕果累累。作为门外汉，我不揣冒昧，也挤将进来，凑个热闹。

我将两千多个常用字，以科学分析和有趣故事相结合的方式，编写成这套书。我所讲解的每一个字，分为前后两部分。前半部分，我将这个字的形成、演变过程以及字形、字义、读音作简要介绍。凡此，仁者、智者，各有见解。我博采众长，或综合为一，或分别罗列，任君选择。后半部分，我以小故事等形式，更形象、更生动地来解释这个字的形、音、义。我不仅讲这个字的用法，而且讲这个字的结构特征，讲这个字笔画的用意，讲这个字和相似字之间的区别。我还特别注意解释字的读音，以便区别这个字与其它谐音字之间的区别与联系。我讲了两千多个汉字故事，与这些故事相关联的汉字有六千多个，几乎包括了所有的常用字。这便是字中有字，这才是真正的汉字故事。

顺便说一句，这里的故事，有些是我的创作；有些是据资料编写；有些是来自民间的汉字俗解。其中有些内容，“俗文学”也罢，荒诞也罢，读者朋友切莫当真。你尽可把先贤们的论著当作学术理论，把我这儿写的，权且当作插科打诨。因为我的目的很简单，我只是想通过这些小故事、小笑话，以及诗词、对联、谜语、民歌、童谣、字谜、谐音、测字、解字、解梦，避讳这些形式，加上奇闻轶事、文坛掌故……以此搭座桥、凑个趣，使朋友们认识这些字，辨别这些字，掌握这些字，记住这些字。

我愿把这套书，献给对汉字情有独钟的朋友。让大家在茶余饭后，有个谈笑的话题。这种话题，雅俗共赏。

我愿把这套书，献给学汉字的外国朋友。让他们更多地了解汉字的丰富多彩。愿他们在轻松愉悦中掌握汉字。

我愿把这套书，献给青少年朋友们。让他们在课外阅读时，带着笑脸，品味每一个字的结构和内涵。

我愿把这套书，献给我的教师同行们，为他们在备课时提供点资料，使他们在讲课时增加点情趣，让他们在课堂上引发出阵阵欢笑声，使孩子们在寓教于乐中理解汉字的博大精深。

当你手棒这一套沉甸甸的《一字一世界》时，我要深情地向你介绍为这套书的出版作出不懈努力的至爱亲朋。首先要说的是我的出版人申晓华先生。他不辞辛劳，担当风险，近十年来不离不弃，专注于此书的出版发行。好友曹文轩先生，热情为这套书作序，为这套书增光添彩。资深编审王林军先生，是这套书第一版的责任编辑，他为这套书奠定了基础。著名画家，装帧设计家朱成梁先生，为这套书的第一版，设计了精美的封面和版式。著名漫画家何天卫先生和叶霆先生，为这套书提供了大量生动活泼的插图和图案。著名儿童文学家方国荣先生，为这套书的第二版出版，作出了不懈的努力。这套书由第一版的七百余汉字故事，增补为两千余故事，经历了十多年的艰辛创作，其间幸有编审谢芳女士，著名汉字研究专家唐汉先生，古典文学博士陈光先生，著名青年书法家陈义望先生……他们参与了这套书的审读、修订和把关，指出了书中的不足和差错，保证了这套书的出版质量。因为这套书讲的是汉字知识，出版社是以辞书的标准来保证这套书的质量的。

图书出版，是很难完美无缺的，总会留下一些缺憾。这套《一字一世界》也概莫能外。我壮志不已，耕耘不辍，仍在收集汉字故事，愿继续努力，将三千多常用汉字，都配上生动有趣的故事，编成一本既可当字典，又可当故事的“阅读字典”，以供读者朋友们赏阅。

说到读者朋友，我激动不已，感慨万千。自该书出版十多年来，因书中有我留下的手机号码，我先后收到一百余位读者来电。有的指出差错，有的提出建议，有的给予鼓励，有的提供故事，有的只讲了几句：感谢你，继续努力……

我决不辜负读者朋友的厚爱，再接再厉，使这套书日臻完善。如你购得此书，那我们也就心灵沟通，成为志同道合的文友。君不闻，前世修得八百次回眸，今生方得一次擦肩而过。你我有缘，你才翻阅此书。以书会友，是我三生有幸。

如蒙赐教，请记住我的手机号码：13705181009。我当洗耳恭听。

感谢你阅读此文！

感谢你阅读这套书！

二零一九年三月

于南京长江大桥塆

目录

K

L

一字一世界

K

kuàng

旷

阳光普照又宽广——旷

小篆的“旷”字是个左右结构的形声字兼会意字。左边的“日”字作形符，表示跟太阳日光有关。“旷”字的右边是“广”字，读“guǎng”，作声符。

“广”字与“日”字组合，指阳光充足又宽广。因是指阳光充足，这跟太阳有关，所以古人用“日”字作“旷”字的形符。

古人为什么用“广”字作“旷”字的声符呢？

甲骨文、金文和小篆的“广”字都是象形字。字形像山崖下宽敞的大屋形状。这大屋犹如今日的牲口棚，也类似今日的灶披间、走廊或厅堂。金文大致相同，小篆使其整齐化。隶变后的楷书写作“广”，如今作了“廣”字的简化字。

“广”字的本义指“宽敞的大屋”，由本义引申指“大”和“宽阔、深远”。这与“旷”字所要表达的“开阔、宽广”是一致的，所以古人用“广”字作“旷”字的声符并会意。

楷书的字形由小篆演变而来，写作“曠”，后简化为“旷”。

“旷”字的本义指“光明、开阔、宽广”，如空旷的田野称“旷野”；地方宽广空旷称“宽旷”；地方宽阔敞亮，四周没有遮拦物称“空旷”。“旷”字由本义引申指“心胸开阔”，如心胸开阔，想得开称“旷达”；身处辽阔宁静之地，精神愉悦称“心旷神怡”，这儿的“旷”，指开阔，“怡”，指愉快。“旷”字假借指“荒废、耽误”，如旷工、旷课、旷日持久，“旷废”指耽误荒废，“旷费”指浪费。“旷”字又假借指“间隙大”，如“旷世”，指历史久远，当代没有能与之相比的，如：旷世之作。

曠
小篆

曠
隶书

旷
楷书

“旷”和“旷日持久”

“旷”字表示空而宽阔，如地旷人稀；“旷”字也表示耽误、荒废，如旷日持久，“旷日持久”指多费时日，拖得很久。

说起这一成语的出典，有段历史故事。

秦朝与汉朝交替年间，有人编写了一部史书，也是部历史散文著作《国策》，后经西汉学者刘向重新编定，因书中所记大多是战国策士的言论，故书名改为《战国策》，其中的《赵策》中讲了这么一个精彩的故事。

战国年间，地处今日河北及辽宁一带的燕国，为扩大自己的地盘，派荣大将军为统帅，率军攻打地处今日河北南部，山西北部一带的赵国。赵国国君得到急报，立即召来大臣们商量对策。国相赵胜第一个发言，他建议道：“齐国名将田单有勇有谋，我赵国不妨拿出边界三个城池送给齐国，换取田单帮我们领兵抵抗燕国，这样定能获胜。”

大将赵奢立即表示反对，他责问道：“难道赵国就没人指挥打仗了吗？还未开战，就先失三城，哪有这个道理？”众人都默不作声，赵奢进而解释道：“凭什么说田单能稳打胜仗呢？万一敌不过燕军，不是白白丢了三个城池吗？就算田单确实有本事能打败燕军，但他能为赵国极尽全力吗？因为强大的赵国，对齐国称霸不利啊。”

这时，满朝文武交头接耳议论起来。赵奢不失时机地补充道：“请田单来做主将指挥作战，我敢断定，他会将赵国拴在战场上，拖延不决，旷日持久，不战不和，这样会把赵国的人力物力和财力消耗一空，到那时，更是不堪一击！”

尽管赵奢分析得有根有据，不少大臣也点头赞成，但赵王及赵胜仍然不听，他俩一意孤行，请来田单当统帅指挥作战，结果正如赵奢所料，拖了很长时间，付出血的代价，却没取得胜利。

后人将赵奢所说的“旷日持久”当作成语流传下来，以此形容空费时日，相持不下，而事情依然悬而未决。这里的“旷”，指耽误、荒废的意思。“旷日”即白白地浪费时间。“持久”即长久未决，也指办件事拖拖拉拉长久不见成效。

kuàng

况

甲骨文

金 文

小 篆

隶 书

楷 书

冷水——况

古代的“况”字是个形声字。左边是三点水，后又改为两点水，两点水表示冰，这个字与冰冻有关，右边是“兄”，表示读音，“况”的本义指“冷水”。

“况”由本义转为表示情形，如情况、状况、概况、战况、盛况。

“况”也作比方讲，如比况、以古况今。

“况”还作连词用，表示更进一层的意思，如何况、况且。

魏·钟繇《宣示表》

唐·怀素《圣母帖》

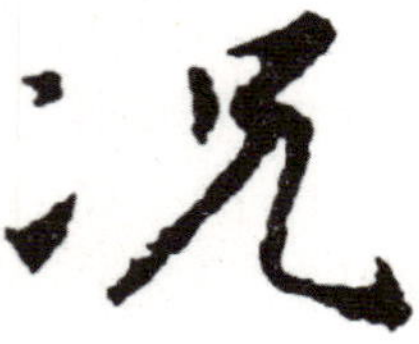
东晋·王羲之

《隶辨》

唐·孙过庭《书谱》

除非二兄过——况

苏州盘门的神像伍子胥，本来是一尊站着的神像，直到明朝的时候，才改站为坐。这是怎么回事呢?

明朝时，有个大臣叫况钟，他看到伍子胥的神像后，不由大发感慨：“可怜伍子胥英雄一世，到头来还没落座，这分明是对他的亵渎呀！”于是便积极筹资，把立像换成了坐像。

巧的是，换成神像没多久，竟不知为何被毁掉了，人们收拾残骸的时候，无意中发现神像下面的一块石头上刻着十个字：“若要子胥坐，除非二兄过。”

“二兄”合在一起，正是况钟的“况”字。

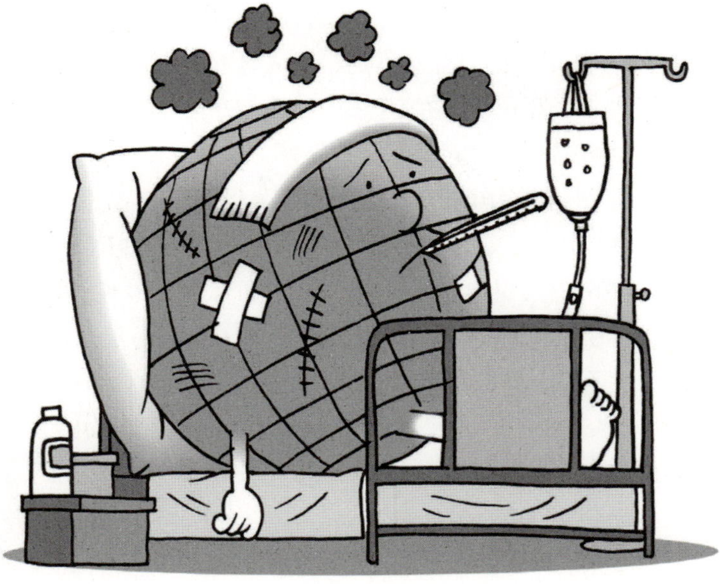

每况愈下

kuī

亏

小篆

虧

隶书

亏

楷书

鸟飞底气不足——亏

小篆的“亏”字是个左右结构的形声字兼会意字，隶变后的楷书写作“虧”，这个字形是由小篆直接变来的。左边的“亏”字读“yú”，与“于”字是同一个字，本义指“吹竽时乐声婉转悠扬”，引申指“声气舒缓”，也有气损之义，在“虧”字中作形符，表示跟气舒缓或气不足有关。“虧”字左边的“雐”字读“hū”，作声符并会意。

古人为什么用“雐”字作“虧”字的声符呢？

小篆的“雐”字是个形声字，从“隹”（zhuī）形，从“虍”（hū）声。“虍”字指老虎，“隹”字指一种短尾巴小鸟，泛指鸟。“隹”字“虍”字组合，指一种鸟。据说此鸟很善于飞翔，但唯一不足的是底气不足，飞不远或飞不高。这种说法与“善飞”是矛盾的。但也许正因为有此欠缺，有些不足，古人才将其作为“虧”字的声符，兼以表达“亏欠不足”之义吧？

隶变后的楷书写作“虧”，后简化为“亏”。“亏”字的本义指“底气不足”。由本义引申指“短少、欠缺”，如理由不足称“理亏”，中医将贫血称“血亏”，亏空也称“亏欠”，心中有愧称“亏心”。

“亏”字由上义引申指“受损失”，如亏本、亏耗、亏累、亏空、吃亏、盈亏等。又引申指“对不起”，如亏负、心亏、亏待。

“亏”字还假借指“幸而”，如幸亏、亏得、得亏、多亏、亏是。“亏”字还假借表示“讥讽”，例如：这样的话也亏你说得出口！

便宜多自吃“亏”来

安徽南部黄山一带，古时称为徽州。《晋书》记载，“徽州人好离别”，经常出外经商。他们来往于江湖间，从事长途贩运物资交易，被称为“徽商”。徽商起源于东晋，成长于唐宋，盛于明清，衰于清末。

徽商赚了钱，往往回故乡建造大型住宅，如今这些住宅，成了宝贵的文化遗产，也成了旅游胜地。这些古宅里有不少木雕、砖雕和石雕，堪称艺术珍品。有些居家楹联和门上对联，更是令人深思，发人深省。有一幅居家楹联是这样写的：

兄弟自然敦友爱
叔侄不必结冤仇

这副楹联有很强烈的家族色彩，意在巩固家庭团结，不要为金钱发生矛盾。有一幢古宅里有副楹联：

泪酸血咸，悔不该手辣口甜，莫道世间无苦海；
金黄银白，但见了眼红心黑，哪知头上有青天。

这副楹联是告诫后人要合法经营，大有君子爱财，取之有道的意味。

在著名的西递村中，一幢古宅里，有这样一副对联：

快乐每从辛苦得
便宜多自吃亏来

这副对联被誉为“西递第一联”。细心的游客发现，这副对联在两个关键字上做足了文章。作者上联的“辛”字，是在“辛苦”的“辛”字上加了一横，寓意很明显，是表示应该用更多的辛劳去换取快乐。下联从“多”字上取下一点，添加在繁体字“亏”字的“虧”上。这“一点”的寓意很有趣也很深刻。它告诫后代，吃点儿小亏可占便宜，但切莫心黑，亏只可吃一点，一切适可而止。由此也可看出，徽商有较高的精神境界，他们所追求的，一直是“君子爱财，取之有道”。

保护脑袋的头盔

kuī

盔

古代的“盔”字，是个上下结构的形声字兼会意字。“盔”字，上面是个“灰”字，作声符，读“huī”，下面的“皿”（mǐn）字为形符，表示跟盛物品的器皿有关。两形合一，指“在作战时，用来保护头部和脸部的硬壳帽子”。

“盔”字的后来泛指作战、消防、劳动乃至平时骑车时用来保护头部的帽子。现在多用金属和塑料制成，也有用藤条或皮革制成，如盔甲、钢盔、帽盔、丢盔卸甲。

“盔”字由本义引申指“盆、钵（bō）”一类器皿，如盔子、锅盔、瓦盔。

“盔”字也用来指盔形的帽子。

小篆

盔

隶书

盔

楷书

头顶铁锅与“盔”字

我们探讨汉字，不光要关注字的笔画、读音、含义以及它的历史变迁，对先民们造字时的自然环境、社会结构、造字时的动机及创意乃至灵感，都得有个了解。否则就无法理解“它”字跟“蛇”有什么关联，也难理解河南简称“豫”跟大象有什么关系，也看不懂繁体字的“萬”字为什么跟“蝎”字挂钩。我们不妨展开想象的翅膀，充分地想一想，古人造“盔”字时，跟头顶铁锅有什么联系？

据报载，江苏无锡曹张新村一幢居民楼下，发生惊险一幕。厨师小李帮朋友办酒宴，他头顶一只铁锅，手提刀铲走出门。不料，六楼一户人家的花猫，推倒一只花瓶砸下来，“当”的一声将小李砸晕，但没砸死。他大难不死，欣喜地拍拍铁锅说：“多亏了你当头盔救了我一命啊。”

这不由使人想到，“盔”字的产生，是不是哪位老祖宗，在山脚行走时，为省力，将青铜器皿顶在头上，山上滚石砸中头部，但幸免于难。他老人家受此启发，忽来灵感，便有了“盔”字的创意，也便有了今天的“盔”字。

人的思维是相通的。1914年8月，第一次世界大战爆发，德军向法军阵地猛烈进攻，炮声隆隆，弹片横飞。有位法军炊事兵正在战地厨房忙碌，这时炮弹纷纷落下，慌乱中，他端起铁锅，倒扣在头上，跌跌撞撞地冲了出去。战斗结束，他的战友都牺牲了，他身上也伤痕累累，但活了下来。在医院治伤时，法国将军亚德里亚来视察，他问炊事兵：“你是靠什么在枪林弹雨中脱险的？”炊事兵拍拍随身带着的一铁锅说：“我靠这口炒菜的锅！”

亚德里亚接过铁锅看着，若有所思。不久，每一位法军士兵的头上都戴上了一口小“铁锅”，这已被命名为“亚德里亚头盔”了。它是法国工程师们根据亚德里亚将军的指示设计制造的。

这个传说，被认为是现代军用钢盔的发端。其实，中国才是发明头盔的鼻祖，如果不信，可看看中国古籍上所绘的顶盔披甲的武将形象，再看看数千年前就已使用的“盔”字，你就心悦诚服了。

kuī

窥

从孔洞里向外看——窥

“窥”字是个上下结构的形声字兼会意字。上面的“穴”字作形符，表示跟缝隙或孔洞有关。“窥”字下面的“规”字读“guī”，作声符并会意。

“穴”字与“规”字组合，指从孔洞或缝隙里向外看。因是指从孔洞里向外看，这跟表示洞穴的“穴”字有关，所以古人用“穴”字作“窥”字的形符。

古人为什么用“规”字作“窥”字的声符呢？

小篆的“规”字是个会意字，本义指“法度”，有规则、规矩之意。“规”字又引申指“画圆的工具”。“不以规矩，无以成方圆”，而小孔或缝隙多近似圆形，故“窥”字以“规”字作声符。另外，“规”字又有观察、洞察之意，古人为了分化字义，又另加义符“穴”字写作“窥”来表示洞察之意。由此可知，“规”字是“窥”字的本字，是最早的“窥”字，它理所当然地成了“窥”字的声符兼表意。

楷书的字形由小篆演变而来，写作“窺”，现简化为“窥”。

“窥”字的本义指“从小孔或门缝里偷偷地看”，指暗地里观察，如窥探推测称“窥测”；偷偷地察看、窥探称“窥察”；暗中猜度称“窥度”；看出来或觉察到称“窥见”；窥探又称“窥视”；暗中观望动静又称“窥伺”；暗中察看又称“窥探”；“窥豹一斑”，比喻只见到事物的一小部分，也说“管中窥豹”。

小篆

窺
隶书

窥
楷书

“窥”和“管中窥豹”

“窥”字指从小孔或缝隙里朝外看，也表示暗中察看，如：窥探、管中窥豹。“管中窥豹”意为通过竹管的小孔来看豹，只能看到豹身上的一块斑纹，比喻只见到事物的一小部分。这一成语有时跟“可见一斑”连用，比喻从观察到的事物中的一小部分，可以推测出全貌。

“管中窥豹”这一成语，出自《晋书·王献之传》。

东晋大书法家王羲之，被后世称为“书圣”。他的几个儿子从小跟随他学习书法绘画，他的第七个儿子王献之显得最聪明，学得最好，可算获得其父的真传。王羲之既是闻名于世的大书法家，又在朝中担任右军将军，所以人称“王右军”。他家的门生多，客人也多。

这些门生拜王羲之为师，来来去去，进进出出很是随意。有时王羲之因公务繁忙不在家，他们便在客厅里高谈阔论，有时还玩掷骰（tóu）子比输赢的游戏。这些门生的年龄一般要比王献之年长一些。年幼的王献之也跟着他们一块儿玩。可他年龄小，还不够资格，只能站在一旁观战，助兴而已。但聪明的王献之也能看出点门道来，谁赢谁输，他能做出准确的判断。他常插嘴说：“南边的那位要输！”果然如此。

其中有一位门生不把王献之这小孩儿看在眼里，说道：“此郎亦管中窥豹，可见一斑。”这话的意思是：这小孩儿也能说几句内行话，但他并没弄明白这里面的窍门，只是竹管里看豹，只看到豹身上一块豹斑而已。

后人将这书中的“管中窥豹”四字作为成语流传下来。“管”，指竹管；“窥”，指察看。通过竹管朝豹看，不可能看到豹的全身，只能看到豹身上众多斑纹中的一块斑。所以后人在形容事物的全貌时称之为“全豹”，而比喻只是其中一小部分时称之为“一斑”。

“管中窥豹”有两层意思：一是指见识少，知识不全面，或指某些人对事物似懂非懂，把他的见解称之为“管中窥豹”；二是作为自谦的词，说自己的意见或见解不够全面、不够准确，称之为“管见”，也可称为“略见一斑”。

kuí

葵

草本植物向日葵

小篆的“葵”字是个上下结构的形声字兼会意字。上面的草字头作形符，表示跟草木有关。下面的“癸”字读“guǐ”，作声符并会意。“癸”字与“草字头”组合，指“一种草本植物的名称”，其中包括大家所熟知的“向日葵”。因指的是草本植物，这与花草有关，所以古人用“草字头”作“葵”字的形符。

古人为什么用“癸”字作“葵”字的声符呢?

甲骨文、金文和小篆的“癸”字都是象形字，字形像两根木棍交叉在一起，是古代最早的测量工具，类似于现在的两脚规，固定张开一头的距离，用翻动的办法来丈量土地。这“癸”字的字义本来跟“葵”字无关，但两根木棍交叉在一起似乎成了圆形，与向日葵的形状相似，所以古人根据“癸”字的形状用“癸”字来作“葵”字的声符并会意。

楷书的字形由小篆演变而来，写作“葵”。

“葵”字的本义指植物名，指某些开大花的菊科草本植物，如葵花，指“向日葵”；用蒲葵叶制成的扇子称“葵扇”，俗称“芭蕉扇”；还有海葵、锦葵、龙葵、蜀葵等。

葵
小篆

葵
隶书

葵
楷书

两测“葵”字，大相径庭

测字和算命打卦，都是测字先生或算命先生凭借自己的知识和经验，结合求测者的诉求，做出的猜测和判断。其实跟所测的字或所卜的卦没有什么关系，只是找个说话的由头，让求测者信以为真罢了。就拿测字来说吧，同一个人用同一个字分别去找两位测字先生测，结果往往大相径庭，你信哪一个好呢？

清朝康熙年间，又逢科考，举子们齐聚京城。在成千上万举子中，有位来自海南文昌县的考生陈天葵。他抽出时间，到街上找一位测字先生，以“葵”字求测，看这次科考有无中榜希望。测字先生说：“你这‘葵’字是‘落’字头，‘失’字尾，中间的字形又成不了‘发’（繁体‘發’）字，毫无中榜之相。这样吧，你再摸个字，我为你再测测看。”说罢递上字袋。陈天葵从中摸出个字，翻开一看，是个“携”字。测字先生又摇摇头说：“哎呀呀，这‘携’字的左边是提手旁，欠‘夫’不成‘扶’，主欠人扶助，事事难成啊。右边的字上面‘進’不成‘進’，下面‘秀’不成‘秀’，这叫既非秀才，又非进士，这怎能中榜呢？”几句话，说得陈天葵心灰意冷，丢下些碎银子，便闷闷不乐地走了。

陈天葵走到一十字路口，见众多举子围着一老者求测，一问，是测字名家程省在此设摊。他挤了进去，对程省说：“我久仰先生大名，今日求测，我姓陈名天葵，‘天’字不敢测，就测个‘葵’字吧，看这次科考，有无中榜希望？”程省写了“葵”字说：“先生敬畏天地，不敢求测“天”字。其实你这‘葵’字里有个‘天’啊。这‘葵’字以一对旗杆夹为头，一个旗牌脚为尾，中间为‘发’字头（繁体字为‘發’），所以先生这次科考属旗开得胜，兴旺发达，大有希望。”

陈天葵连忙写上个“携”字递上：“请先生再测测这‘携’字，看看有无中榜希望呢？”程省看着写得俊逸潇洒的“携”字，赞道：“阁下伸出左手，一下子揽住‘進’字头和‘秀’字尾，当然是秀才连中，直至进士啰！”几句话，把“葵”字和“携”字说得合情合理，使陈天葵心花怒放，信心大振，据说后来果然中了进士。

你看，同样的字，所测的结果大相径庭，你说该听谁说的呢？

勺大柄长的汤匙——魁

kuí
魁

古代的“魁”字是个形声字。它的左边是个“鬼”字，这是声符；右边的“斗”与“魁”的本义有关。

甲骨文的“斗”，是个象形字，它的字形像酒器，本义也是“酒器”，它的容量是一斗，十升为一斗。

金文和小篆的“斗”字也是象形字，像一把有柄的舀东西的器具，指勺子。用在这儿，也是指一种勺大柄长的汤匙。又因为“鬼”的头特别大，所以用“鬼”作声符兼会意。

“魁”的本义指“头大把长的大勺子”。在饭桌上，这种汤匙是用来舀汤、舀粥的。因为其形状给人一种头大尾长的感觉，也就转借为领头和为首的意思，如魁首、罪魁祸首、夺魁。

“魁”也有身材高大的意思，如魁伟、魁梧、魁岸。

金 文

小 篆

魁
隶 书

魁
楷 书

北魏《中岳灵庙碑》

《草书韵辨》

二十鬼——魁

隋朝年间，京城有个富商叫朱士荣。其夫人快生孩子了，他想要一个男孩，将来能像自己一样显贵。

一天夜里，他在梦中看到一张科举榜，上面只有个“魁”字。他想问梦中神仙，这个字是什么意思，不料梦却醒了。

后来，他妻子如其所愿，生了个男孩，朱士荣为他取名“魁儿”，盼儿子日后中魁，圆自己当初那个梦。

可是，他儿子在二十岁的时候，突然生了重病，朱士荣并不在意。然而事与愿违，儿子最后竟病死了。到了这时，他才恍然大悟：“魁”字并不是“中魁”的意思，而是非常不吉利的一个字，将这个字拆开，乃是“二十鬼”。那个梦分明在说，他儿子二十岁就会得病而死。

“魁”字右边的“斗”字拆开可看作“二十”，加上旁边的“鬼”字，即二十鬼，也就是二十岁就成了鬼。从字面上讲也说得通。

实际上，这个故事只能看作是朱士荣自己吓自己的鬼故事。

罪魁祸首

一字一世界

魁伟高大——傀

古代的“傀”字是个形声兼会意字。左边是人旁，表示这个字与人有关；右边是“鬼”，是这个字的读音。古人之所以用“鬼”作音符，是因为“鬼”的头特别大，所以用它来会意。

“傀”的本义指“人的身材高大、魁伟”。但现在这个意思主要由“魁”字承担。而“傀”字主要用来表示木偶戏中的木头人，也称“傀儡戏”。

用“傀”字来表示木头人，真是再恰当不过的了。木头人是由人通过线来牵动的，它的一举一动都由人来控制，会说会动，好像有生命似的。但人一停止牵线，它就成了木头。从这点来说，它就像鬼一样。它像人，又像鬼，“人”和“鬼”合在一起就是“傀”。

木偶是由人操纵的，它只有虚名，所以把受人操纵的人或组织称为“傀儡”，如傀儡政府。

金文

小篆

傀
隶书

傀
楷书

【瓦当欣赏】

秦汉瓦当

人不人鬼不鬼——傀

对“傀”字，民间流传着这么一个故事。

北宋年间，浙江钱塘有个小官，靠着溜须拍马，竟飞黄腾达，混成了大官。

这人发迹后，为了给自己脸上贴金，请来大诗人苏轼，让他题个字。苏轼想都没想，挥笔写了个斗大的“傀”字。巡抚不知这个字有何含义，请苏轼解释一下。

苏轼说：“古书记载，傀，伟也。我题此字是在夸赞大人哩。”

这人一听，高兴得合不拢嘴。几天后，他把苏轼题的字装裱好，挂在家里最醒目的地方。

这天，有位诗人恰好上门有事，看见这个字，忍不住笑出了声。

这人问他笑什么，他摆摆手，什么也没说，转身离去，径直来到苏轼的住处，见面便说：“先生真是了得，这个‘傀’字拆开乃是‘人’与‘鬼’，你讽刺他人不人、鬼不鬼，他却还美得像捡了宝贝一样呢！”

kuì
匮

匮
小篆

匮
隶书

匮
楷书

收藏衣物的家具——匮

“匮”字是个左三包围结构的形声字兼会意字。

左三侧的“匚”字读“fāng”，在甲骨文中是个象形字，字形像一个侧放着的方形的放东西的器物，这是“筐”字的初文，隶变后楷书写作“匚”。本义指“古代一种放东西的器物”。在这儿作形符，表示跟家具有关。

“匮”字里面的“贵”字读“guì”，作声符并会意。

“匚”字与“贵”字组合，指收藏衣物的家具。因是指收藏衣物的家具，跟存放东西的器物有关，所以古人用“匚”字作“匮”字的形符。

古人为什么用“贵”字作“匮”字的声符呢？

因为“贵”字指“珍贵、贵重、宝贵”。而贵重的物品及衣物大多存放在柜子或箱子里，所以古人用“贵”字作“匮”字的声符并会意。

“匮”字读“guì”，本义指“收藏衣物的家具”。

后来，“匮”字被借用为“缺乏、竭尽”之义，古人就在“匮”字左边加“木字旁”写作“樻”，专门表示收藏衣物的“樻子”，后简化为“柜”。而“匱”字简化为匮，用来表示缺少、缺乏之义。这时读“kuì”。物资缺乏、贫乏称“匮乏”，也称“匮缺”。物质贫乏，以至于枯竭称“匮竭”。

“匮”与“匮乏”

“匮”字是个书面语，指缺乏。有个形容词“匮乏”，指贫乏，物资缺乏。说起“匮乏”一词的出典，有段历史故事。

在距今大约两千七百多年前的春秋初年，齐国的桓公即位，他任用既有才能又十分贤良的管仲为上卿，相当于后来的宰相。

管仲执政四十年，他因势制宜，实行改革，注重发展农业，在平民百姓中选拔人才充当官吏，并破格提升，重视奖勤罚懒，减轻税赋……这些措施使齐国不断强盛，齐桓公成了春秋时期的第一个霸王。

齐桓公本人也是个勤政爱民的君主。他常身穿百姓服装，到城镇乡村，走街串巷，深入民间察访。

有一次，齐桓公到一居民家，见一老翁，满头白发，面容枯槁（kū gǎo），走路蹒跚（pán shān），仍在吃力地料理家务。桓公问：“家中怎么就你一位老人？”老人叹息道：“吾有四子，都因穷困，娶不到媳妇，只好到别人家帮工糊口，哪能顾上我呢？”

齐桓公又去乡村走访了几户农家，所见都是老人居多，一个个风烛残年，过着孤苦伶仃的生活。家中余粮，仅够每日两餐糊口，若有疾病或意外，只能等死，无人过问。究其原因，只因实在贫困，一辈子未能成家，只能过孤独生活。齐桓公听了，十分同情。

齐桓公将私访中所见所闻讲给管仲听。

管仲听罢，回答道：“臣闻之，上有积财，则民臣必匮乏于下；宫中有怨女，则有老而无妻者。”管仲这话的意思是：我听人说过，皇宫里堆积了不少财物以致腐败发霉，那么百姓家的物资必定缺乏；宫中有大批忧愁怨恨而又嫁不出去的宫女，那么民间百姓中，必定有很多一辈子都娶不到妻子的老人。

齐桓公听罢，连连点头，他心里明白，管仲说这番话，是对他的劝诫和警告。

管仲这段话中的“匮乏”一词流传下来。“匮”，指缺少；“乏”，指缺乏，两个字合在一起也表示缺少、缺乏、贫乏。如今“匮乏”一词已成了人们的常用语。

kuì
溃

小篆

潰
隶书

溃
楷书

大水冲破堤岸——溃

小篆的“溃”字是个左右结构的形声字兼会意字。左边的“三点水”作形符，表示跟“水”有关；“溃”字右边的“贵”字读“guì”，作声符并会意。

“水”字与“贵”字组合，指“大水冲破堤岸”。因是指大水冲破堤岸，这跟水有关，所以古人用“水”字作“溃”字的形符。

古人为什么用“贵”字作“溃”字的声符呢?

小篆的“贵”字是个会意字，字形像“贝”从草筐中掉下来的样子。这一字形有四层意思：就“贝”来说指值钱的东西，指“贵”。就值钱的东西掉下来说，表示“丢失”。“贝”掉下来会摔碎摔烂，指“碎烂”。

古人为分化字义，便作分工。“贵”字专门表示价格高、地位高。“丢失”之义写作“遗”。“碎烂”之义写作“溃”，指“大水冲破堤岸”。

由以上分析，可见“贵”字是“溃”字的本字，是最早的“溃”字。加之“贵”有“高”的意思，水位高过堤岸，水就会从旁边流出，所以古人用“贵”字作“溃”字的声符并会意。

隶书的字形由小篆演变而来，写作“潰”，现简化为“溃”。

“溃”字的本义指“大水冲破堤岸”，如溃决、溃围、溃溢。“溃”字由本义引申指“垮台、突破”，如崩溃、一触即溃、击溃、溃灭。“溃”字由垮台引申指“散乱、败逃”，如溃不成军、溃兵、溃逃、溃退、溃败。“溃”字由“散乱、败逃”又引申指“肌肉组织腐烂”，如溃疡、胃溃疡、溃烂。

“溃”与“堤溃蚁穴”

“溃”字指水冲破堤坝，如溃堤，作书面语用；溃”字指突破包围，如溃围；“溃”字还有溃改、溃散的意思。“溃堤”或“堤溃”，都是指大水冲破堤坝，洪水涌了进来。有个成语“堤溃蚁穴”，就是讲堤坝溃于小小的蚂蚁洞的道理。它的出典，有段历史故事。

距今两千二百多年前的战国末期，韩国有位思想家名叫韩非，他的学术著作，被后人编辑为《韩非子》一书，共五十五篇，其中有一篇讲到名医扁鹊为齐国国君齐桓公治病的故事，意在说明小病不医成大病，大事必起于小事的道理。为了说明小问题不解决，就会发展为大问题，韩非子还举了个例子，提到白圭（guī）防止堤坝溃毁的事。

白圭是谁呢？据说战国初期有两位白圭。这位白圭名丹，人称白丹，东周时洛阳人，即今日河南洛阳东一带人，也有人说他是魏国人。魏文侯时，他曾担任魏国宰相。他主张减轻税赋，发展农业，特别注重兴办水利，修筑堤坝。他在防止水患方面有突出的成绩，他也自夸他的治水本领胜过上古时代治水的大禹。

白圭防洪，主要是靠堤防。他亲自当监工，要求堤坝泥土要夯实。没有洪水时，他常督促各地官员勤检查、勤修整，保持堤坝不受损。如若发现有小洞，即使是老鼠洞乃至蚂蚁洞也不放过，都要求及时堵塞，不使这小洞漏水，以防它由小洞变为大洞，逐渐扩大，乃至溃堤决口，酿成大祸。正因如此，在白圭任职期间，即使天下暴雨，洪水滔滔，魏国也没出现过水灾。

《韩非子》中将此归纳成一句话：“千丈之堤，以蝼蚁之穴溃；百尺之室，以突隙之烟焚。”这段话的意思是：千丈长的大堤，往往因为小蚂蚁钻的小洞而崩溃；百尺高的大楼，往往因烟囱中的小裂缝漏烟而被烧毁。后人将这句话的前半段归纳为“堤溃蚁穴”四字成语，也可说作“蚁穴堤溃”或“堤溃蚁孔”，这些都是小事不注意，容易引发成大祸的意思。

心中羞惭难安宁——愧

kuì

愧

甲骨文

金文

小篆

愧

隶书

愧

楷书

小篆的“愧”字写作“媿”，这是个左右结构的形声字，以“女”字作形符，“鬼”字作声符，隶变后，楷书写作“媿”。它有个异体字“愧”，现在以“愧”作正体。

“愧”字是个左右结构的形声字兼会意字。左边的竖心旁是形符，表示跟人的心理活动有关，右边的“鬼”字是声符，读“guǐ”。这两个字形结合在一起，指“人的心里羞惭难以安宁”。

古人为什么用“鬼”字作“愧”字的声符呢？因为“鬼”字有令人恐惧害怕之义，这就容易引起人心中不安。而心怀惭愧的人常常是心绪不安的，所以“愧”字以“鬼”字作声符并会意。

“愧”字的本义指“心中羞惭不安，觉得很对不起”，如因羞愧而恨自己为“愧恨”；惭愧不安为“愧疚”；羞愧的脸色为“愧色”；因羞愧而感到痛苦称“愧痛”；心中有愧称“抱愧”；当得起称“不愧”；没有什么惭愧的称“无愧”；因羞愧而流汗，形容羞愧到了极点称“愧汗”；羞耻和惭愧称“羞愧”；羞愧悔恨称“愧悔”；人们平时在领受别人的情谊、馈赠时说的感谢之类的客气话为“愧领”。

羞“愧”难言

不管是有意无意，我们恐怕都碰到过或听到过令人惭愧、脸红心跳的事。这些事，大都埋在心底，因为有些事羞愧难言啊。

无锡东门中学的杨老师，今天在讲到“愧”字时，偏偏要同学们在理解“愧”字形、音、义的基础上，讲讲自己对“愧”字的所见所闻和切身感受。

同学们大都不愿丢人现丑，一时没人上台发言。没料想，小才女杨莎莉第一个上台了。她说：“我小学五年级时，有次数学考试，题目我会做，但我要赶到火车站接外婆，时间来不及了，怎么办？最后几道题，我就胡乱写上12345就交了卷。数学老师很生气，将我母亲喊到办公室，狠狠地批评了一顿，说这不是学习成绩好坏，而是学习态度太差。当时母亲和我，惭愧得脸都红到脖子根了……”

张晓玲接着说：“你这算什么呀，暑假我们全家到青岛旅游，临走时服务员查房，发现少了条毛巾，原来是我母亲当成自家的放进包里了。那服务员的眼神啊，充满怀疑、讥讽，我想起来就觉得羞愧、憋（biē）屈。”

刘坤培说：“你是误会，问心无愧。前天我爸叫我陪一位亲戚到浴室洗澡，临走时，服务员说少了条大毛巾，他怀疑我们，我气得要打电话报警。没料到，服务员从我那亲戚的大衣袖管里将大毛巾抽了出来。原来我这亲戚手脚不干净，他借穿大衣的时候，将大毛巾裹进袖子里。我羞愧得连忙逃出了浴室……”

金一鸣说：“有一次我跟同学打架，被老师喊进办公室训话。正巧下大雨，我妈托邻居带伞来，她找到办公室，我连忙弯下腰，假装系鞋带。我看到地板上有条缝，恨不得钻下去……”

杨老师说：“不能光听你们的，我也说点我对‘愧’字的体会。大学毕业十年后，同学聚会，我见不少同学事业有成，有的成了专家学者，有的成了英雄模范，而我却很平庸，我觉得很惭愧。但我没把‘愧’字看成心中有鬼，在我看来这‘鬼’字就是‘魁’字，表示高大魁伟。凡杰出有贡献的人，都是魁伟的人。我自愧不如，所以我感到惭愧，我要加倍努力，绝不能自甘落后，愧对教师这神圣职业，愧对我们这个时代。”

kùn

困

甲骨文

金文

小篆

困
隶书

困
楷书

用木柴加固门框——困

甲骨文和小篆的“困”字，字形相同：外面是个方框，里面是个“木”字，这是个会意字，表示“树木被围在当中”。

也有人考证，认为甲骨文的“困”字，外面的方框像柴门，当中的“木”字表示用树枝或荆棘之类的硬柴，编扎成一个架子，用来加固门框，阻挡他人或野兽进入。这“困”字便是远古时代的人们住所的“门”，它既挡外面的侵害，又把自己封闭在里面，所以“困”字的本义是包围、陷入，如围困、困守、困兽犹斗、为病所困。

“困”因被包围、陷入，所以引申为“艰难、贫苦”，如穷困、困苦、贫困、困顿、困难。

唐·虞世南《积时帖》

东晋 王濛

隋 智永

唐 怀素

树不能锯——困

对“困”字，民间流传这么个笑话故事。

从前，北京有个人叫张家发，住在一座四合院子里。院子当中有棵大槐树，左邻右舍都喜欢到这儿休息。

这几年，张家连遭不幸，找来风水先生一看，说是大槐树坏的事，要锯掉。因为院中有树，好比四方框中有个“木”字，这就成了“困”字，所以就困难重重了。

张家发信以为真，就要动手锯树。正巧小儿子放学回来了，一看老爸要锯树，连忙说：“爹，这树不能锯，锯了树，院子里只有人，就成‘囚’字啦！”

这下，张家发不敢锯树啦！

困兽犹斗

kuò

阔

门前有流水——阔

古代的“阔”字是个内外结构的形声兼会意字。它的外面是个“门”字，表示这个字与门有关。门内或门前是个“活”字，读活“huó”。《说文解字》的解释只有一个字：疏，即疏远的意思。做进一步推理，就是宽和广的意思，也就是开阔、广阔或辽阔的意思。

为什么门前或门内有“活”字就是宽广？我们知道，汉字的形声字中不少的声符兼有表达意思的功能。比如这“活”字，它的本义指“流水声”。由于“活”是流水声，那么“活”也可理解为流动的水。我们常说的活水，指它有源头，也有下游。我们展开想象的翅膀，不妨设想一下，门前有活水流过，这范围肯定较为开阔，那么，“阔”字表示“广阔”“辽阔”也就顺理成章了。

“阔”表示广、面积大，这就引申为“阔绰、阔气”，如有钱人摆阔气，他阔起来了，这些人称为阔少、阔佬。

迈开大步，叫“阔步”，叶子宽大的树称为“阔叶树”，分别久了称为“阔别”。

金文

小篆

闊

隶书

阔

楷书

门太宽——阔

东汉末年，汉献帝拜曹操为相国之后，命工匠给他盖了一座相府。工匠们忙活一阵，等一切初具规模了，就请曹操来查看，如有什么不如意的地方，好及时修改。

曹操看罢，也不言语，提笔在大门上写了个“活”字，然后拂袖而去。

工匠们一见这情景，一个个吓坏了，丞相分明对这房子不满意呀！可究竟哪儿出了差错呢？他们望着房子，头都想大了，也没琢磨出名堂来。众人没办法，最后只好请来主簿杨修，让他来给大伙儿指点指点迷津。

杨修只看了一眼，便指着大门上的“活”字说：“门里带‘活’，分明是个‘阔’字，丞相一定是嫌这扇门太宽了。”

工匠们恍然大悟，立即拆掉重建了一扇门，这才合了曹操的心意。

海阔天空

一字一世界

L

là

辣

带有刺激性的辣味

“辣”字在《说文解字》中未见到，这是个后来出现的字。这个字应属于左右结构的形声字兼会意字。左边的“辛”字是形符，表示跟辛辣有关。右边的“柬”字是声符，读“là”，这是“剌”字简省的写法。注意，这个字跟“刺”（cì）字是不一样的。

“辛”字与“剌”字组合，指“带有刺激性的味道”。

古人为什么用“辛”字作“辣”字的形符呢？因“辛”字有“辣”的意思，我们平时说“辛辣”，就是指“辣”。

古人为什么用“剌”字作“辣”的声符呢？因为“剌”字本身就有“粗暴、乖张、怪僻”等意思，而辣味有强烈的刺激性味道，有些让人受不了，所以“辣”字用“剌”字作声符并会意。

“辣”字的本义指“姜、蒜、辣椒等所有的刺激性味道”，如辣酱、辣油、辣子、酸辣、辛辣、酸甜苦辣。

“辣”字由本义引申指“受到辣味的刺激”，如辣手、辣乎乎、火辣、热辣等。

“辣”字又用来比喻“凶狠、刻毒”，如毒辣、老辣、泼辣、心狠手辣。

辣
小篆

辣
隶书

辣
楷书

“不怕辣”和“怕不辣”

我们要正确使用汉字，首先要掌握它的字形，不能多一撇少一点写成错别字；其次要摸准它的读音，不要写成谐音字。写诗词歌赋时，对字的押韵是有很高要求的。最关键的是，要把握这个字的字义。有许多字本身就是一个词，将词放在最恰当的位置，这就是最准确的一句话了。所谓遣词造句，就是如何挑选字词，如何安排词的先后顺序。这就要依据语法规则，利用各种修辞手法来灵活运用了。在运用过程中，安排词序，是一种很重要的手段。我们这里说的词，指的是有词性的字。例如：“读死书”“死读书”“读书死”这三句话中，三个字先后顺序不同，意思就大不一样了。

中国幅员辽阔，民族众多，因气候不同，地理位置不同，各地人有不同的饮食习惯。例如四川人、湖北人、湖南人都喜欢吃辣。贵州人云南人喜欢吃麻辣。谁最能吃辣？民间排了个名次：四川人不怕辣，湖北人（也有说江西人）辣不怕，湖南人怕不辣。显而易见，湖南人最喜欢吃，也最能吃辣。为什么？不怕辣算什么本事？就怕你不辣才算真本事。在这里，利用词序的前后调整，把对“辣”字的态度，表达得清清楚楚，一目了然。这就是词序的功能，汉字就得借助这些功能，才能充分发挥自己的魅力。

上海有家“湘月楼”餐馆，把民间流传的那三句话，制作成一幅长联，悬挂在大堂，供人们欣赏。这副对联是：

不怕辣辣不怕怕不辣看四座嘉宾敢尝辣味皆好汉；
好喝酒酒好喝喝好酒愿八方贵宾莫辞酒醉是英雄。

这副对联很耐看。不知传抄转述中是否有误。如若将下联“八方贵宾”改成“八方贵客”是否更好些？

lái

来

甲骨文

金文

小篆

來
隶书

来
楷书

二人树下来相会

说到“来”字，就要说到“麦”字，因为许多学者认为，“来”字本应是稻麦的“麦”，而“麦”字本应是来往的“来”，两下里搞错了。这一错就是两千多年，至今人们仍然将错就错。

甲骨文的“麦”字，下半部是个倒写的“止”字，这是人的脚正由远处走过来，表示来往的“来”。

甲骨文和金文的“来”字，都像麦子的形状。上部是麦穗，有尖尖的麦芒；中间部分为叶子；下面为根部，这是个象形字，表示这是“麦子”。后来阴差阳错，把这“麦”字假借为“来”，“来”字反而成了“麦”字。

有人为这一变化做出了合理的解释。《说文解字》认为：“来，天所来也，故为行来之来。”意思是说，“来”是从天上来到人间的一种农作物，因而“来”引申为来去的“来”。

有人对繁体字的“来”作过解释，认为繁体字的“来”由“木”和左右两个“人”字组成。“木”，代表树木，这儿指树林，表明两人或许多人在树下相会。可以想象，当人们常从四面八方赶到树林中相聚，在树荫下乘凉休息，享受大自然的恩惠，畅叙人间友情，这是何等的快乐啊，为此，人们才纷至沓“来”。这就是“来”的本义。

当我们被“来”与“麦”的复杂关系搞得头昏脑涨时，对照“来”字的繁体字，细细想想：二人树下“来”相会，不是也很有意思吗？

“米”字上横穿一木——来

明朝崇祯年间，京城有个测字高手名叫马守愚。这马守愚有个年过七十的好朋友名叫马长兴。马长兴的儿子在外做生意，很长时间没给家里写信，老人非常着急，就拄着拐杖去找马守愚，问儿子的凶吉如何。

这天，马长兴来到马守愚家，马守愚家佣人正巧买回一袋米放在门口。马长兴就顺手把拐杖靠在米袋上，然后才同马守愚打招呼。

当马守愚得知他的来意后，马上就笑了起来，说：“放心吧，你儿子已经回家了。”

马长兴听了，觉得很奇怪，便问他是怎么知道的。马守愚说：“你把拐杖放在了我的米袋上，正是‘米’上横穿一木，成了回‘来’的‘来’字，这不是说你儿子已回来了吗？”

马长兴半信半疑，连忙赶回家。进门一看，儿子果真回来了。

这个故事，把“米”上加一横，成了回“来”的“来”字，是个令人会心一笑的故事。

礼尚往来

lái

徕

小篆

徕

隶书

徕

楷书

在街上招揽人来——徕

古代的“徕”字是个左右结构的形声字兼会意字。左边的“双人旁”作形符，表示在大街上行走。“徕”字右边的“来”字读lái，作声符并会意。“双人旁”与“来”字组合，指“在街上招揽人来。”

甲骨文、金文和小篆的“徕”字都是象形字，写作“彳”，读（chí）。从“徕”字的偏旁看，小篆的“彳”字是由“半条街”演变而来的。隶变后写作“彳”。《说文解字》又解释为“小步也”，所以又指“迈半步”。后来“彳”字作偏旁用，不单独用。凡从“彳”取义的字都与道路、行动有关。因大街就是道路，所以古人用“彳”字作“徕”字的形符。

古人为什么用“来”字作“徕”字的声符呢?

要说“来”字，先说“麦”字。甲骨文的“麦”字写作“麥”，这是个会意字：上面是“來”（来，即小麦），下面是“夂”字，指朝下的脚，两形合一指到来之意。隶变后楷书写作“麥”，如今简作“麦”，本义指“到来”。

甲骨文的“來”字是象形字，字形像小麦，隶变后写作“来”，本义指“小麦”。因小麦是天赐而来，古人在“來”下加行走之义的“夂”，写作“麥”。后来皆用当小麦的“來”当“到来”，反而将“到来”的“麥”字当成“小麦”的“麦”字了。这样“來”字就表示到来，引申指“做，招致”，也就有“招揽”之义，所以古人用“来”字作“徕”字的声符并会意。隶变后的楷书写作“徕”。

“徕”字的本义指“招揽”，如招引到自己方面来称“招揽”，招揽也称“招徕”，如招徕顾客。“徕”字是个多音字，读作“lài”时，作书面语用，表示“慰劳”。如劳徕。

“徕”与“招徕”

“徕”字读音较多，但组词极少。作为书面语，表示慰劳，如劳徕，指慰勉；“徕”字与“招”字组成“招徕”一词，“招徕”作动词用，表示招揽，如招徕顾客。说起“招徕”的出典，有段历史故事。

西汉时期，在今山东寿光偏南一带有个人名叫公孙弘。他青年时代当过狱吏，到四十岁才开始学《春秋》。汉武帝即位后，广招贤良文学之士，他由当地人推举为有才学的人，到朝廷任职，这时他已六十岁了，汉武帝授予他博士之位。过了不久，汉武帝派他出使匈奴，回来后，他向汉武帝写奏章，报告出使详情，武帝对他不满，冷落了他，所以他就称病回家乡养病，远离了官场。

不久，朝廷又征选贤人进京，当地人再次推荐公孙弘。这次与往年不同，被推荐者集中起来考试，有不少题目有关治理国家的对策，对这些，公孙弘驾轻就熟，一挥而就。考完试，经多位考官审读，一致认为公孙弘的答卷属特等优秀。他再次被录取进京。后来，他逐步高升，担任了丞相一职，还被封为“平津侯”，在当时属朝廷中权势最显赫的人。

公孙弘不负汉武帝的信任，他兢兢业业，克己奉公，日夜操劳，事必亲躬，天长日久，以致身体状况一日不如一日。又是几年过去，正逢淮南及南方的衡山两地诸侯叛乱，局势不稳，他操劳更多。这时，公孙弘已七十多岁，身患疾病。他深感自己力不从心，难当丞相这一要职，便上书皇上，言词恳切地说自己不能为皇上分忧，心中不安，请皇上“招徕四方之士”，让贤能的人来代替自己，为国家长治久安作出贡献。汉武帝为此十分感动，答应了他的请求。

公孙弘给皇帝上书中用了“招徕”一词，即“从全国招来四面八方贤能的人”。这番言词，足见他心胸开阔，不为一己之私而贪权恋位。在那官味浓厚的时代，他能审时度势，主动让贤，是难能可贵的。后人将他所说的“招徕”一词，当作招揽、招来的意思使用。这个“徕”（lái）字不单独使用，只跟“招”字组成“招徕”这个词。常见的是“广为招徕”，“招徕顾客”。难怪《现代汉语词典》对“徕”字的解释那么简单了。

lài

赖

金文

小篆

赖

隶书

赖

楷书

图赢利违背良心——赖

古代的“赖”字，是个左右结构的形声字兼会意字，它由“贝”字和“剌”字组成。“贝”字作形符，表示跟金钱货币有关，“剌”字作声符，这个字读“là”，表示“违背常情事理”。这个字又读“lá”，跟“拉”字相同，表示割，用刀把东西切开一条缝或切断。小篆的字形为了美观，将“剌”字分解开，把右边的立刀旁变为“刀”字简省的写法“⺈”，并移到了“贝”字上面，成了“赖”字。

“贝”字和“剌”字组合在一起，指“为了贪图赢利而违背良心”。

古人为什么用“剌”字作“赖”字的声符呢?

可别把这个“剌”字当成“刺刀”的“刺”字。甲骨文的“剌”字是个会意字，由“朿”（shù）和立刀旁组成，表示用刀将捆缚的东西割开。这“剌”有刺伤、划开的意思，也表示凶残。而商贾为了赢利，往往不择手段，甚至采用凶杀伤害的手法来谋取不义之财，所以“赖”字用“剌”字作声符并会意。

“赖”字的本义指“赢利、收入”。由本义引申指“凭借、依仗、仗持”，如仗势并依靠称“仗赖”，也可称“仰赖”；不能自力更生，要依靠别人这就是“依赖”，也称“倚赖”；表示一件事要依赖另一件事的帮助促成称“有赖”。

“赖”字由“凭借”引申指“不承认、推脱”，如赖账、赖婚、赖债、抵赖、狡赖。由此又引申指“刁钻、泼辣、毫不讲理”，如赖皮、讹赖、撒赖、耍赖、死皮赖脸，这种耍赖的人也称“赖子”。

“赖”字由上义又引申指“不好、坏”，如不赖。

“赖”字也表示留在某处不肯走，如赖在这儿。

“赖”字也作姓氏用。

检察官妙语劝“老赖”

原先在新华书店当科长的小赖，如今成“老赖”了。论年纪，才三十来岁，轮不上他称老。这“老赖”指他欠债不还，被人告上法院，成了债主和办案检察官要查找的对象。“赖”字虽是他的姓，但已不重要，人们只认他是赖账的“老赖”了。

说来，这段故事有点喜剧性。一日，公安局接到一家浴室报警，说有位浴客的衣帽鞋袜被人一锅端了，这位浴客光着身子在等待救助。派出所接到指令，正要派民警去处理，只见三个人抱着一堆衣服，拎着皮鞋来“投案自首”。他们请求联系市检察院检察官李成阳来处理此事。原来，这三人是小赖的债主，衣服鞋袜全是小赖的。他们跟踪了半个多月，好不容易在浴室将他逮住。

李检察官批评了他们的做法，带着他们回浴室，让小赖穿上衣服，一同到检察院调解。小赖跟三位债主当年都是朋友。

李检察官请三位债主先回去，让他和小赖单独谈谈还债方案。待三人离去后，李检察官感慨地说：“赖先生呀，过去我常去你们书店买书，你那时风华正茂、朝气蓬勃，今日怎么成了‘老赖’，被人押到我这儿呢？”

小赖沉默不语。李检察官从身后书架上取出一本《谈古说今嚼汉字》说：“这书是你卖给我的。后来听人说是你伙同他人盗版印刷的。这个暂且不谈。我看了这本书，特别记得对‘赖’字的解释，这个字可不吉祥啊。据解释，说是商人为赢利而不择手段，弄不好还动刀动枪。在‘赖’字头上确实有把刀，这把刀容易伤别人，也容易伤自己。你看，多好的三个朋友啊，现在反目成仇，他们把你押送到我这儿，把你当犯人。你这‘赖’字呀，就像一则字谜说的‘战败被绑缚’。你为了保持自己的生活质量，让别人为你受罪，这公平吗？我给你指一条路，不要有依赖心，有了依赖心你就变成懒人了。依我看，‘赖’字与‘懒’字是相通的。‘赖’字多个竖心旁成‘懒’，你贪图享乐人变‘懒’，就干歪门邪道的事，这样你就成‘赖皮’了。趁你还年轻，重振旗鼓，把别墅卖了，把债还了，做个自由人，从头开始，如能这样，你‘老赖’的诨名可去掉，还你小赖的美名，人家兴许还会说：‘小赖真不赖！’”

多年生草本植物——兰草

lán

兰

古代的“兰”字写作“蘭”，这是个上下结构的形声字。上面的草字头是形符，表示跟花草有关，下面的“闌”字是声符，读“lán”。

古代的“闌”字是个形声字兼会意字。外面的“門”字是形符，里面的“柬”字是声符。“柬”表示分散的木条，与“門”组合，指门前遮挡的栅栏之义。这个字隶变后的楷书写作“蘭”，如今简化作“阑”，作偏旁时有时简写作“兰”。依此类推，隶变后的“兰”楷书写作“蘭”，现简化为“兰”。

“兰”，也称“春兰”，本义指“香草”。有人认为这是指“泽兰”，一种多年生草本植物，又名“虎兰”，也称“龙枣”。自古以来，人们多用“兰”来泛指兰草。有时也用“兰”来指一种树，这就是“木兰”树。在古代诗文中，人们常用“兰”来作为美好的象征，如美好的文辞称为“兰章”。“兰花”是一种常绿草本植物，它的叶子细长，丛生，春季开淡绿色的花，有清香，属观赏植物。兰花的种类较多，有建兰、草兰等。

“兰草”，是多年生草本植物，叶子成卵形，边缘有锯齿，秋末开白色花，可供观赏，且有清香，又名“泽兰”，也是“兰花”的俗称。

“兰”字与“蓝”字字形虽不同，但都指花草，容易混淆。它们的区别在于“兰”主要指“兰花”，而“蓝”主要指“蓝颜色”。

“兰”字也作姓氏用。

蘭 小篆

蘭 隶书

兰 楷书

东门“扛草王皮”——兰

稻麦收割脱粒后的茎秆，也称秸秆，可沤成肥料，或作燃料。现在在一些农村或边远地区，仍将麦秆或稻草作为燃料使用。从前农家屋前打麦场上，堆着一座座草堆，都是家中烧水做饭的基本燃料。旧时的城镇设有“草行”，就是专为城镇居民提供燃料的，就像多年前的煤球店一样。

却说明朝万历年间，常州东门有位名叫王皮的人，他以卖草为生，并以此发家，成了一个富翁。他长年扛着草，走大街，串小巷，为客户送草上门，大家都认识他，称他为“扛草王皮”。因此人吝啬，与人交往斤斤计较，所以为人所不齿。即便他成了富翁，认识他的人仍以“扛草王皮”称呼他。

王皮当了富翁改了行当，便在闹市口建了幢豪宅，请当地有名的书法家为他写块匾额，准备高挂在大门外的门头上，想以此抹去过去卑下的身份，改头换面，光宗耀祖。

大书法家深知王皮的底细与为人，沉思半晌，挥笔写了“蘭玻”二字。王皮虽不识几个字，但听人说这匾字意好，不由得意起来，将匾高高挂起，还放了一阵鞭炮，引众人来观赏。

数日后，有位书生从王家门前走过，一见这匾额，不由叫道：“呀，这不是东门扛草王皮吗？”

读者朋友，你细细分析一下，“蘭玻”二字，是不是有“东门扛草王皮”的意味啊？

这是个有关汉字的笑话故事，版本颇多。写故事的人大都在“蘭玻”二字上做文章。主角都称“王皮”，暗含“玻”字。地点都在“东门外”，暗含“阑”字，若称“江东门外”，便是“澜”字；若是“王皮匠”便是“玻”字；若是“卖草的”，便是“蘭”字。凡此，读来都令人发噱（xué），更何况“王皮”这称呼多少有点调侃戏弄的意味，更增添了一些讽刺色彩。

lán

岚

山中的雾气——岚

说到“岚”字，先要说小篆中的“葻”。这是个上下结构的会意字，由两部分组成。上部是草字头，表明跟花草有关，下面是“風”字。这两个字组合在一起，指风儿吹来，草儿摆动的样子。隶变后，楷书写作“葻”。当它作偏旁时简写作“风”。

在《说文解字》中将它放在草字头部，本义指风吹草动的样子。现在不再单独使用，只作偏旁用，仍归入草字头部。凡是跟“葻”字有关的字，都与风云花草等义有关。

我们要说的“岚”字，就跟“葻”字有关。

“嵐”字是个上下结构的会意字。上面的“山”，跟山地有关，下面的“風”是“葻”的简省写法，在这儿省去了上面的草字头。隶变后楷书写作“嵐”，现在简化为“岚”，读作“lán”。因“葻”有风吹草动之义，与风云花草有关，所以“岚”字用“葻”字来会意，用来表示山中的雾气。

王维《送方尊师归嵩山》诗：“瀑布杉松常带雨，夕阳苍翠忽成岚。”傍晚时分，我们漫步在山间小树林中，常会看到这美丽的景象，那薄薄的雾气，便是“山岚”。

山间的雾气也称“岚烟”，如岚烟缥缈。

嵐

小篆

岚

隶书

岚

楷书

为爱改名“丁山风”——岚

省田径队有位退休的长跑名将叫丁山风，熟悉她的人都喊她丁岚。凡喊她“丁岚”或“丁山风”她都答应。说起来，这里还有段爱情故事哩。

四十多年前，当丁岚还是初中二年级的小女生时，就爱好体育运动，特别是长跑。当别人跑完八百米，不是脸色发白呕吐不止，就是瘫在地上，而她，跑一千米也不在话下。

这一年，全市举行中学生运动会，有位高中一年级的男生，名叫徐大年，也是参加长跑比赛的。在赛场上，两眼总是盯着丁岚看。这小子一见钟情，爱上丁岚了。丁岚呢？情窦未开，浑然不知。

那时的中学生，不像如今的孩子这样开放，不管是初恋、暗恋还是朦胧中的爱，都是埋在心底、不敢表露的。徐大年从丁岚运动服后面的号码牌上，偷偷地看到了丁岚竖写着的姓名。他还跟着她走，知道了她的校名，还知道她是初中生。

运动会一结束，徐大年按捺不住心中的激情，平生第一次给女孩子写了封情书，正儿八经地寄了出去，然后天天到校门口邮箱去等回音。可等了半个月，等来的却是原信退回，上面贴了张纸条：“查无此人。”徐大年为此伤心了一年多。他尝到了失恋的痛苦。

神奇的事儿出现了。两年后，徐大年以突出的长跑成绩，被体育学院录取。在报到时，他意外地见到了也被优先录取的丁岚。他们在田径队，开始了运动员的生涯。后来的故事越说越长，这里只能长话短说了。因为两人都是来自同一个城市，凭乡音，很自然地就走到了一起，又何况，还有那封未送到的求爱信呢？

不用追问，徐大年便知道，当年他犯了个致命的错误：他不识丁岚的“岚”字。因为是竖写的，他看成了“山风”二字。这信怎会收得到呢？

丁岚是个爽气的女孩，她接受了徐大年的爱。为了见证这个爱，她将芳名“丁岚”改为“丁山风”。她还自豪地说：“像山里一阵风，跑得快嘛！”于是，“丁山风”这名字便传开了。

树下有一女——婪

lán

婪

甲骨文

金文

小篆

婪

隶书

婪

楷书

古代的“婪”字，是个上下结构的形声字。上面的“林”字是声符。下面的“女”字是形符，表示这与女子有关。

“婪”字的本义指“贪爱财物”。有人认为是专指贪食。也有人认为，甲骨文和小篆的“婪”字是个会意字。“林”字下面一个“女”字，意在指“女子在野外林地中与情人相会”。

在远古时代，男女之间的交往，都是氏族成员的集体活动。一方氏族的男子，到另一个氏族的住地，与那里的女子联欢。他们要进行祭祀、饮宴、音乐、歌唱、舞蹈等一连串的活动。

如若有女子在野外树林中与男子相会，这已超越了当时的交往规则，对女子来说，这是一种过分的行为，有贪的意味，所以古人用“林、女”来会意，表示贪婪之义。

“婪”字，可引申指“对财物的贪求”。贪婪者不单单指女性，也指男性，这就是众人了。贪婪的对象也扩展到金钱、地位和权势。

贪婪，作为形容词有两层意思：一是指贪得无厌，含有贬义。二是指渴求而不满足，包括对知识和才能的渴求。

【瓦当欣赏】

秦汉瓦当

洋教授别出心裁说“婪”字

全世界学习和使用汉字的，有十多亿人，其中有许多外国人。有些外国人学汉语的钻研精神，一点儿也不亚于中国人。

南京有所大学的外籍教授弗里斯先生，他一边讲授希腊语，一边自学汉语。这次在南京举办的“汉字的起源与发展”研讨会上，他作了重要发言。

弗里斯先生打开投影仪，幕布上显现出由他手写的甲骨文、金文、小篆、楷体等各种“婪”字。接着，他用半生不熟的普通话说道：“各位，我今天只说这一个字——贪婪的‘婪’。并不是我喜欢贪婪，而是这个字，跟《圣经》里的故事有所联系。由此使我想到，汉字的起源和发展，与世界文明的发展，有没有联系？”

弗里斯先生这么一说，引起了大家的兴趣。只见他指着“婪”字说：“‘林’字和‘女’字组成‘婪’字。从古至今，世界各国，都是大树底下爱情多。在电影、戏曲、小说中，这种场景数也数不清。是嘛，情人在大树下相会，这是最美好的时刻。这一刻值千金呐。情人们总希望这种时刻越多越好，这便有了贪婪之意。”

弗里斯先生这么一说，台下响起一片笑声。弗里斯先生接着说：“问题在于这‘婪’字跟《圣经》里的‘伊甸园’故事有关联。大家都知道，上帝创造了男人亚当，然后，把他安排在伊甸园看守各种果树。这些果树中有生命树和辨别善恶的树。上帝只允许亚当吃生命树上的果子，但不能吃善恶树上的果子。上帝见亚当一个人孤单，就为亚当另造了个配偶夏娃，这个女人在蛇的引诱下，吃了善恶树上的果子。她一个人吃还不满足，又摘了个果子给丈夫亚当吃，为此受到上帝的惩罚。由于这个女人的贪心，造成了恶果。朋友们，你们看，这‘林’下的‘女’字，有没有可能指的是夏娃啊……”

弗里斯先生的发言，引起了大家的热议。

可做蓝色染料的蓼蓝草

lán

蓝

小篆

藍

隶书

蓝

楷书

小篆的“蓝”字是个上下结构的形声字。上面的“草字头”表示跟草类植物有关。下面的“监”字读“jiān”，作声符。

“草字头”与“监”字组合，指一种一年生或多年生的草木植物，叶子互生，花多为淡红色或白色，结瘦果。种类很多，常见的为蓼（liǎo）蓝。

说起这“蓼蓝”，与“蓝”字关系密切。

“蓼蓝”为一年生草本植物，茎红紫色，叶子为长椭圆形，干时暗蓝色，花儿小，淡红色，叶子含蓝汁，可做蓝色染料，也可入药。也称作“蓝”。

楷书的“蓝”字由小篆演变而来，写作“藍”，现简化为“蓝”。请注意“蓝”字不能再简化为“兰”。这个“兰”字是“蘭”字的简化字，指“兰花”。

“蓝”字的本义指“蓼蓝”，叶子可制染料。从蓼蓝中提取的靛（diàn）青可染成蓝色，此为深蓝，方言为“靛蓝”。

“蓝”字由本义引申指“像晴天时天空的颜色”，如蓝靛、蓝布、蓝天、宝蓝、碧蓝、翠蓝、蔚蓝、湛蓝、蓝宝石、青出于蓝而胜于蓝。

“蓝”字也作姓氏用。

一把天“蓝”伞

民国年间，苏北建湖县蒋营镇有位教私塾的吴大先生，在蒋营一带是位德高望众的人物。他衣着朴素，举止文雅，一年到头，穿着蓝布长衫或长袍，即便褂子，也是蓝色的。就连吴大先生自己也弄不明白，自己为什么会如此喜欢蓝颜色。细心的人会发觉，吴大先生撑的雨伞，也特地买的天蓝色。

清明时节，蒋营镇“慈祥寺”的主持心惭法师，邀吴大先生一块，乘船到三十里外的马家荡去，那儿新建了个“十佛寺”，他的徒弟在那儿当住持。两人上岸后，天上飘起了蒙蒙细雨。吴大先生为心惭法师撑伞。心惭法师连忙推让，说：“罪过罪过，怎能让你为我撑伞！”吴大先生笑道：“我为你撑伞，是想向你讨个对子呢。”

这两位都是饱学之士，吟诗作对，出口成章，心惭大师精通中草药，说话时，常带出草药名称，所以他的几个弟子，跟着学了，现在都能给人治病抓药。心惭大师笑问道：“先生请出上联吧！”吴大先生指指眼前美景，吟道：

柳千行花万朵一年美景。

这上联讲的是春天桃红柳绿的美丽景色。一连用了“千”、“万”、“一”三个数词。心惭法师想了想，回应道：

姜二片枣三枚四季良方。

下联用的中药名，连用了“二”、“三”、“四”三个数词。吴大先生指指手中蓝布伞，说了句：

一把天蓝伞。

心惭法师随口答道：

六味地黄丸。

吟罢，两人乐得哈哈大笑。

lán
澜

巨大的波浪——澜

古代的“澜”字是个左右结构的形声字兼会意字。左边的三点水是形符，表示跟水有关，右边的“阑”字是声符，读“lán”。这两个字形组合在一起，指“巨大的波浪”。因波浪都是由水形成的，所以“澜”字以三点水为形符。

古人为什么用“阑”字作“澜”字的声符呢？

古代的“阑”字写作“闌”，这是个内外结构的形声字兼会意字。外面的“門”字是形符，表示跟门户有关，里面的“柬”字是声符，读“jiǎn”。这两个字形组合在一起，表示“阑”是门遮，即门口的栅栏，本义指“门前遮挡的栅栏”，因此“闌”有“阻挡”的意思。而巨大的波浪翻滚时，掀起狂澜，使航船上下颠簸，不能向前，也有被阻隔的意思。所以“瀾”字用“闌”字作声符并会意。

隶变后楷体写作“瀾”，后简化为“澜”。

“澜”字的本义指“巨大的波浪”，如波澜壮阔、力挽狂澜。

瀾
小篆

瀾
隶书

澜
楷书

江东门外王皮匠——澜

在民间流传的汉字故事中，有一则“东门扛草王皮”的故事，借繁体字“蘭”字和“玻”字，来讽刺那些贪图虚荣的人。这里讲的是个类似的故事，只不过把草字头的“蘭”，换成三点水的“澜”罢了。

南京水西门往西，有个地方叫江东门。民国年间，这儿也是个热闹场所。江东门外的河边有间小屋，有个安徽来的王皮匠在这儿安家落户，以补鞋修鞋为生，渐渐站稳了脚跟，人称他江东门外王皮匠。

没出几年，穷巴巴的王皮匠忽然一夜暴富。他自己说，是从老家祖屋下挖出了黄金，谁知道呢。有人说，他有位本家侄儿在外面当强盗，干了件大案，将金银藏在了不显眼的王皮匠家。他这本家侄儿被仇家杀了，留下妻子女儿流落他乡，那笔金银便被王皮匠吞了。

王皮匠用这笔钱，在江东门外买了间小楼，当起了富翁。他不想让人知道他做过皮匠，要改换门庭，把自家打扮成书香门第的模样。他特地花重金请一位大书法家为他题了个匾额，高挂门楣上。这大书法家知道他的底细，为他题了“澜玻楼”三个大字。王皮匠看了，喜得合不拢嘴，逢人便夸，说这匾制作精美，上面的字写得好，“澜玻楼”三个字的意思也很好。

可明眼人看了，一个个掩嘴而笑。“澜玻楼”三字，拆开来是“江东门外王皮楼”啊。今日他虽然一夜暴富，住进了富丽堂皇的大楼房，但人们依然认为他是江东门外的王皮匠，不是吗？“玻”字由“王皮”二字组成，指的是“王皮匠”；“澜”字是门外左边三点水，门里可看作是“东”，正巧是江东门外啊。

lán

篮

用竹子藤条编的篮子

古代的“篮”字，是个上下结构的形声字兼会意字。上面的竹字头是形符，表示跟竹子有关，下面的“监”字是声符，读“jiān”。这两个字形组合在一起，指“用竹子编织成的有提把的可装东西的器具”。因为主要是用竹子编织的，所以用竹字头作形符。

古人为什么用“监”字作“篮”字的声符呢？因为“监”是关押犯人，使之不能逃走的地方，而“篮”字有“装载物品，使之不会丢失”的意思，所以“篮”字用“监”字作声符并会意。

楷书的“籃”字是由小篆演变而来的，现简化为“篮”。

“篮”字的本义指“用竹子、藤条、柳条、塑料等编织成的有提把的器具”，如菜篮子、花篮、提篮、竹篮、草篮等。

供婴儿睡觉用的家具，形状略像篮子，大多用竹子或藤条制成，可以左右摇动，使婴儿容易入睡，这就是“摇篮”，也用来比喻人幼年或青年时代的生活环境或文化、艺术的发源地。

“篮”字由本义引申指“篮球架上供投球用的带网的铁圈”，如网篮、篮圈、篮板、篮板球、篮坛、投篮。由此又引申指“和篮球运动有关的”，如篮球。篮球界也称“篮坛”。男女运动员又称“男篮”“女篮”。

“篮”字也作姓氏用。

小篆

籃

隶书

篮

楷书

作家的摇篮

今天，无锡东门中学的杨老师，讲解了课文关键字“篮”字。他要求同学们查阅词典，找出与“篮”字在形、音、义上容易混淆的字，讲出它们之间的差异。

金一鸣头一个发言：“我一直把‘篮球’写成‘蓝球’。真搞笑呀，把篮球变成蓝颜色的球啦。”

刘坤培说：“我跟你不一样。我把篮球的‘篮’字写成表示兰花兰草的‘兰’球啦。”

杨老师问：“你们为什么把篮球当成兰花，当成蓝颜色，而没想到竹篮子呢？”

杨莎莉说：“竹篮子是用来放东西的容器，有东西就往里放。打篮球呢，将球往篮网里投，就像往篮子里投一样，所以称‘篮球’，不能写成蓝色的球或兰花球。”

杨老师高兴地说：“对啰，就是这个道理啊。”

金一鸣提问道：“篮球的问题解决了，我还有个问题不明白。婴儿睡觉的摇篮，为什么也说成革命的摇篮，文化的摇篮或艺术的摇篮呢？”

杨老师想了想，说：“就拿我来说吧，我是教师，也是作家。培养我成为作家的摇篮，是你们都熟悉的《少年文艺》杂志。我在小学四年级，就喜欢写作，向《少年文艺》投稿。每当稿子寄出去后，就扳着手指等编辑部回信。也不知收到多少退稿信，我终于接到了编辑的亲笔信，说我的一篇习作将发表。发表前，他们将修改过的稿子寄给我看，我不由呆住了。我的稿子被他们反复修改，笔的种类有红、蓝、绿、铅笔、毛笔五种。习作发表后，编辑特地从上海到无锡看望我，送给我不少写作资料，还指导我组织文学小组，结识更多文学朋友……就这样，我对文学更加喜爱，写作更加勤奋了。编辑部经常邀请我到上海参加笔会，听作家讲座，跟全国各地的文学少年交流……我一步步走进了文学的殿堂，成了位作家。所以，我一直把《少年文艺》当作我成为作家的摇篮。”

lǎn
览

低头朝下看——览

古代的“览”字，是个上下结构的形声字兼会意字，下面的“见”字是形符，表示与眼睛看或观察有关。上面的“监”字是声符，读“jiān”，两形合一，有看、观察的意思。

古人为什么用“监”字作声符呢？因为“监”字古时作镜子解释，即在水盆里放些水当镜子照，在这里有弯腰低头朝下看的意思。所以“览”字以“监”字作声符并会意。

“览”字楷书的字形由小篆直接变化而来，写作“覽”，后简化为“览”。

“览”字的本义指“观看”，也有临近观察的意思，如博览、遍览、历览、浏览、披览、游览、一览、阅览、展览、纵览、一览表、一览众山小、一览无余、博览群书。

汉《张迁碑》

北周《匡喆刻经颂》

唐·褚遂良《文皇哀册》

小篆

覽
隶书

览
楷书

江天一览

这一年，乾隆皇帝下江南，他登上金山，爬上山顶，俯视滚滚东流的江水，直入茫茫天际，不禁脱口赞道：“壮哉，江天一览。”

金山寺的大和尚站在一旁，听了这话，立即命人捧来文房四宝，求皇帝题词留念。乾隆皇帝每到一处，都要留下墨迹，此处更不例外，他欣然拿笔。

乾隆端坐桌前，挥笔写下“江天一”三个字，等到他要写“览”字时，一下打住了。怎的？原来，他忘记“览”字该怎么写了。一国至尊，竟不会写“览”字，岂不让人笑话？站在一旁的侍臣们急得不知所措，既没人有胆上前教皇帝怎么写，又不能让这尴尬的场面僵持下去，怎么办？

就在这紧要关头，机智过人的纪晓岚上前跪下，面对乾隆，却一言不发。老乾隆放下笔，问道：“爱卿有何事要奏？”纪晓岚双目凝视着乾隆刚写下的“江天一”三个字，一字一顿地奏道：“臣—面—见。”

乾隆是何等聪明的人，他虽有点年老，但眼前这句话，他还是领悟了。唔，这“览”字乃是“臣、面、见”三字组成的，他微微一笑，龙飞凤舞般地写下了“览”字。

据说，“江天一览”那块乾隆御书的石碑，如今还矗立在金山山顶上呢。

一览众山小

lǎn

懒

心存依赖而变懒

小篆的“懒”字原先写作“嬾”，这是个左右结构的形声字兼会意字。左边的“女”字作形符，表示跟女性有关。右边的“赖”字读“lài”，作声符并会意。这两个字形组合，指“不勤劳，懈（xiè）惰、怠（dài）情”。

古代女性没有什么社会地位，受到歧视。因为妇女多依靠男性生存，所以被视为懒惰的人，古人就用“女”字作“懒”字的形符。

古人之所以用“赖”字作“懒”字的声符，是因为“赖”字有“不守信用”之义。懒惰成性的人往往骗吃骗喝，不守信用，故古人用“赖”字作“懒”字的声符并会意。

古时在民间有个俗体字“懒”。它用竖心旁代替了“女字旁”。这也许是民间文字高手的杰作，隶变后的楷书以此字作为正体字，写作“懒”。

楷书的“懒”字以“竖心旁”的“心”字作形符，以“依赖”的“赖”字作声符，很准确地抓住了“懒惰”的人都存依赖之心这一特性，完美地表达了“懒”字的本义是“不勤快，怠惰”。为什么？因此他们有依赖之心，总想让别人为他代劳，如懒汉、懒虫、懒骨头、偷懒、懒散、好吃懒做。这些都是依赖之心造成的。

“懒”字由本义引申指“没力气、十分疲倦”，如懒洋洋、浑身酸懒、发懒、懒得动。

嬾

小篆

懶

隶书

懒

楷书

懒弟子仰面数椽

“懒”字是个形容词，指怠惰，不勤快，跟“勤”字相对，如好吃懒做。后来引申指“疲劳、没有力气、懒洋洋的”。还用来指“不愿意、不值得”，如懒得去惹这事。

这里讲个跟“懒”字相关的民间故事。

历史上有位传奇少年名叫甘罗，奇得令人难以置信，但史书上有所记载。司马迁所著的《史记》中就记有甘罗的事：“甘罗，甘茂孙也。茂既死后，甘罗年十二，事秦相文信侯吕不韦。”看来，这位小神童的事儿是真的。甘罗大约生于公元前247年，卒年不详。他是战国时期名臣甘茂的孙子，是位著名的少年政治家。

甘罗自幼聪明过人，小小年纪便拜入秦国丞相吕不韦门下，任为“少庶子”。甘罗十二岁出使赵国，使秦国不费一兵一卒，便得到十几座城池，因此受到秦始皇封官赏地，赐任“上卿”，相当于丞相，故史称“甘罗十二岁拜相”。

甘罗十二岁能拜相，五六岁时就聪明过人了。那时他十分顽皮，不愿死背“之乎者也”那些古书，常喜欢掏蚂蚁窝，捉小麻雀。教他的老先生常将他拖进书房，让他站在那儿思过。甘罗也不在乎，就仰着头，数屋顶上椽子的数量。老先生一直说他是懒学生，见他这样，又好气，又好笑，当即出了一道上联想难住他：

懒弟子仰面数椽，一二三四五六七八九十。

正巧，有位算命先生，敲着竹板从门口走过，竹板声一阵阵传来，甘罗灵机一动，对出了下联：

盲先生低头算命，甲乙丙丁戊己庚辛壬癸。

下联以“盲先生”对“懒弟子”，以“低头”对“仰面”，以“算命”对“数椽”，以十天干对十数字，可谓对仗工稳，天衣无缝。

làn

滥

金文

小篆

濫

隶书

滥

楷书

江河水溢出横流——滥

“滥”字是个左右结构的形声字兼会意字。左边的“三点水”作形符，表示跟水有关。“滥”字右边的“监”字读“jiān”，作声符并会意。

“水”字与“监”字组合，指“江河湖泊里的水溢出横流”。因是江河湖泊里的水溢出，这跟水有关，所以古人用“水”字作“滥”字的形符。

古人为什么用“监”字作“滥”字的声符呢?

甲骨文的“监”字写作“監”，这是个会意字。字形是一位女子俯身对着一盆水在照自己的容颜。古代没有镜子，取盆水当镜子照。本义指“用盆水照视容颜”。后来引申指“察看、观察”，又引申指“监视、监禁”等义。“监”字，有自上向下注视之义，而河水溢出泛滥，有越出堤岸向下流出的意思，所以古人用“监”字作“滥”字的声符并会意。

楷书的字形由小篆演变而来，写作“濫”，现简化为“滥”。

“滥”字的本义指“水满溢出”，如流水漫溢称“泛滥”。由上义引申指“无限制地，不加选择”，如胡乱地、过分地使用称“滥用”。滥交、滥竽充数、滥用职权、粗制滥造等词语中的“滥”字都是指过分地使用。“滥”字由上义引申指“浮滥的、不合实际的”，如内容空洞，使人讨厌的论调称“陈词滥调”。

“滥”和“滥竽充数”

“滥”字作形容词，指过度，没有限制，如滥用职权。也指泛滥。

成语“滥竽充数”，出自《韩非子•内储说上》。

韩非是战国末期的思想家，出身韩国贵族，与李斯同为荀况弟子。他在哲学上具有朴素的唯物主义思想和朴素的辩证法因素。承认自然、事物的不断变化，否定天命鬼神。他的著作被后人编辑为《韩非子》，共五十五篇，运用了大量的历史材料和寓言故事，这些文章，论证有力，推论事理，切中要害。其中就包括这“滥竽充数”的故事。

故事说的是战国时期，齐国国君齐宣王喜欢听人吹竽。竽是古代一种用竹子制成的多管形乐器，类似于今日的笙。齐宣王不喜欢听独奏，他欣赏合奏，每次都要由三百多名乐师同奏，这样他听起来才尽兴。

有位名叫南郭的先生，平日游手好闲，无一技之长，但却是个弄虚作假的高手。他对吹竽一窍不通，却通过各种手段，混进这三百个吹竽高手之中，他也装模作样地吹起竽来。他似乎在吹，但没吹出气来，也没发出一点响声，别人也看不出来。

就这样，南郭先生冒充乐师，享受乐师的丰厚待遇，居然混了好多年。

后来，齐宣王病死了，他的儿子继承了王位，这便是历史上的湣（mǐn）王。这湣王就跟他父亲一样，也喜欢听人吹竽，但听的形式不一样。他喜欢听独奏，而不喜欢听合奏。他要求乐师们挨个儿吹给他听。要听听各人不同的风格，不同的乐曲，不同的特色。

南郭先生眼见要轮到自己了，他的骗术快要露馅了。一旦被揭穿，欺君之罪可要杀头的啊，三十六计，走为上策，便连夜逃出京城，隐姓埋名，躲到别国去了。

后人将这一故事，归纳为成语“滥竽充数”流传下来，以此讽刺没有真才实学，只能勉强凑数的人。这里的“滥”，是不精的意思；“滥竽”指不精于吹竽；“充数”指凑数。当一个人为了表示谦虚礼貌，也会说自己才学不够，是来“滥竽充数”的。

宫殿廷廊侍卫官——郎

láng

郎

“郎”字是个左右结构的形声字兼会意字。右边的“阝”是形符，这是“邑”字简省的写法，表示人们居住的地方。用在这儿表示跟住所房屋有关，左边的“良”字作声符，读“liáng”，两形合一，指“廊屋”，后来用于特指宫殿的廷廊。

古人为什么用“良”字作“郎”字的声符呢？因为甲骨文、金文、小篆的“良”字和“郎”字都是象形字，字形就像古代穴居两侧，有供进出的廊道之形，这也跟住所有关，所以用“良”字作“郎”字的声符并会意。

“郎”字的本义指“廊屋”，后来专门用于指宫殿的廷廊。为帝王服务的侍卫人员，大多守候在廷廊，随时听候帝王的召唤，所以“郎”也就成了帝王侍从官员的统称，如郎中、侍郎。

“郎”是以“良”作声符，并从“良”中取义的。而“良”字含有优良、美好之义，于是“郎”字便成了对青年男子的美称，如儿郎、新郎、伴郎、令郎。

这种由官名引申而来的词义，同样也可指女子，如女郎。同时也指从事某种职业的人，如货郎、放牛郎；方言中指中医为“郎中”。由此还引申指“女人称丈夫或情人”，如郎君、情郎。

“郎”字也作姓氏用。

小篆

郎

隶书

郎

楷书

“良”字加上耳朵旁——郎

汉字，真是奥妙无穷，奇妙无比。有些人对它情有独钟，他们把每个字都看作是一个世界，想从中寻找出乐趣来；有的人成天琢磨着，将每个汉字都演绎成一个小故事，能逗大家乐，也能长见识。

却说凤凰图书出版社有帮年轻编辑，三句不离本行，就连吃饭时也谈字、词、句、章。

这天中午，五六个男女小编们挤在一桌上边吃边聊，说到了网上流传的批评简化字的小段子上。

快人快语的赵小娟说：“网民们说的没错呀，无心怎能爱？不见怎能亲？无郎怎成乡……”

老实巴交的郎加良听了不乐意了：“繁写的‘鄉’字笔画太多，让乡下郎进城也好嘛，剩下的‘乡’字甲骨文就有啊……”

嘴不饶人的张可鉴说：“你这小子小心眼，人家小娟说的是乡下郎，又没说你郎家良。”

赵小娟见有人撑腰，立马攻击郎加良：“喂，小郎，你‘郎’字里已经有了‘良’，还要加良，你是不是自以为最最优良啊。”

郎加良忙解释：“我原名郎家梁，我嫌俗气，就改成郎加良，希望自己更加优良……”

张可鉴一本正经问道：“不见得吧？我看你常到出版社后门理发店转悠，看中什么了吧？”赵小娟惊呼：“怪不得你半个月剃一次头啊。”

郎加良脸红了，只得如实交代：“有人给我介绍了个对象，在这店里当经理……”

张可鉴一语道破：“原来你是居心不良啊。”

赵小娟一拍巴掌说：“哈，我正缺个汉字故事哪。‘郎加良居心不良’就是‘郎’！”

心有灵犀一点通，张可鉴立即领悟了：“对呀，‘郎’字左边是‘良’，右边是软耳朵旁，这软耳朵是问号，它对‘良’字提疑问呢。老实巴交的郎加良得打问号啊。”

在哈哈的大笑声中，这帮小编们陆续散去。

láng

狼

甲骨文

金文

小篆

狼

隶书

狼

楷书

天性残忍的狼

甲骨文和小篆的“狼”字是个形声字。左边的“犭”是它的形旁，说明这个字的本义和动物有关；右边的“良”是它的声旁，它的本义是“狼”。

因为“狼”天性残忍，所以它通常成为坏人或恶势力的象征，所以与“狼”有关的词语大多都含有贬义，如狼狈为奸、狼奔豕突、鬼哭狼嚎等。

“狼”字用于表示凶狠，如狼心狗肺、狼子野心；也表示急速，如狼吞虎咽。

“狼”也表示星名，如天狼星。

“狼毫”是用黄鼠狼的尾毛做成的毛笔，如小楷狼毫。

汉《礼器碑》

南朝（宋）《爨龙颜碑》

东晋·王羲之《澄清堂帖》

“狠”上加一点——狼

关于“狼”字，有这么一个“狠上加一点”的故事。

北京有家话剧团，团里有名青年演员，名叫王成刚。这一年，他参加一个电视剧组，扮演一个无恶不作的土匪头子，可他演来演去，导演就是不满意，说他演得还不够恶、不够狠。

王成刚没办法，只好强打精神，在镜头前龇牙咧嘴、大呼小叫。

导演总觉得他还是演得不到位，就在一边提示：“狠点，再狠点！”

王成刚实在狠不下去了，便苦着脸对导演说：“导演，我只能这样了，再狠点我就成了‘狼’啦！”

导演回答：“狠上加一点就是‘狼’，你现在缺的就是这一点啊。”

狼狈为奸

水波涌起的波浪

làng

浪

小篆

浪

隶书

浪

楷书

小篆的“浪”字是个左右结构的形声字兼会意字。左边的三点水是形符，表示跟水有关。右边的“良”字读“liáng”，作声符兼表意。三点水与“良”这两个字组合在一起，指“水波涌起的波浪”。

因是由水波涌起而形成波浪的，所以古人用三点水作“浪”字的形符。

古人为什么用“良”字作“浪”字的声符呢？这就要分析一下“良”字了。

从甲骨文到小篆的“良”字，都是象形字，字形就像古人穴居时两侧有进出的廊道的形状。

“良”字的本义指“廊道”。进出的廊道一般较高而明朗，这就有良好美好之义。后来“良”字借作美好善良优良之义，古人就另造了个“廊”字表示“长廊”和“走廊”及“廊道”之义。而“良”字专用于优良美好之义，但“良”字作为“廊”字的本字，依然有“高而明朗”之义。波浪所涌起的“浪头”或“浪花”，高出水面，洁白如雪，十分明亮，所以古人用“良”字作“浪”字的声符兼表意。

楷书的“浪”字由小篆演变而来，写作“浪”。

“浪”字的本义指“水波涌起”，如江湖海洋上起伏不平的水面称“波浪”，海洋中的浪称“海浪”，很大的波浪称“巨浪”；还有浪花、浪头、风浪、激浪等。

“浪”字由本义引申指“像波浪的起伏”，如像潮水涌起的波涛，比喻声势浩大的社会运动为“浪潮”。还有麦浪、热浪、声浪等。

“浪”字又引申指“放纵”，如浪费、浪迹、浪漫、浪人。人们把游手好闲不务正业的年轻人称为“浪子”。

钱塘千层浪

苏东坡是北宋年间著名的文学家和政治家。他在好多地方担任州官，为民造福，深受民众爱戴。他一生坎坷，受尽磨难，后来病死于常州。他此生最留恋的地方是杭州。他在那儿留下许多业绩和诗文。他还忘不了和好友佛印和尚喝茶聊天，漫步西湖，吟诗作对的美好时光。

这年盛夏，两人来到杭州城外的钱塘江边，找了家小客店住下，避避酷暑。这天两人沿着江堤，漫步而行，谈诗文，议时事，好似有说不完的话。

两个谈兴正浓，忽然天空一个炸雷，发出震天巨响，把两人吓了一跳。可这雷声过后，并无乌云，也没下雨，民间称之“干打雷”。

苏东坡长嘘了口气，说道：“平地一声雷——”

佛印和尚问道：“就这一句，可有下文？”

两人互作对联习惯了，佛印和尚以为苏东坡在出上联，要他对出下联呢。

苏东坡笑笑：“就这一句，对个下联吧。”

佛印和尚张口就来：“钱塘千层浪”。

苏东坡听了，连说：“妙！妙！妙！钱塘大潮来，真是千军万马，波浪滔滔啊。”

lǎo

老

甲骨文

金文

小篆

老

隶书

老

楷书

手持拐杖的老人

古代的“老”字，是个象形字。头上三根长发，手中有根拐杖，加上弯腰驼背的样子，完全是个老人的模样。

金文中“老”字的头发更长了，手中的拐杖变得看不出来了。

小篆继承了金文的形体。有人从这一形体考证，认为这“老”字是由“人”“毛”“匕”三部分构成，是个会意字，意思是人的须毛变白了，就是“老”，老的本义就是指老人。

古人寿命不太长，“人生七十古来稀”，七十岁就算老人。其实，直到今天，七十岁也仍然是老人，只不过并不稀奇罢了。

在生活中，老人阅历多，见识广，经验丰富，办事稳妥，所以“老”引申为老练的意思，如老手、老到、老江湖。

“老”意味着年龄大，生活的时间长，所以又有陈旧的意思，如老房子、老脑筋、老机器。

“老”，因其时间长，年代久，又有原来的意思，如老脾气、老样式、老地方。

“老”，还有经常的意思，如老一套、老办法、老是这样。

“老”字有“很”的意思，如老早来了、老早就知道了、老远地赶来了。

“老”，还常用来表示尊称，如老师、老师傅、老太太、老前辈。

上钩为“老”下钩为考

清朝的科举制度很严格，凡是未考中秀才的人，不管年龄大小，一律称为“童生”。年幼的称小童生，年老的称老童生。

雍正年间，江苏吴江有位老童生颇有才华，但家中没钱打点，加上性格耿直，从不贿赂主考官，所以他年年参加考试，从没考中过。这年他已五十了，仍不灰心，继续应考。

考官一看到他名字，便很生气，将他考卷丢到一边。事后在酒席上竟作一上联调侃老童生，还征求下联。上联是这样写的：

上钩为老，
下钩为考，
老考童生，
童生考到老。

这上联语气尖酸刻薄。后来这事传到众人耳朵里，都愤愤不平，想回击这考官，但没人想出好的下联。老童生也知道此事，他想到自己之所以考到老，就是因为这些考官徇私舞弊。他经一番构思，写出了下联：

二人成天，
一人成大，
天大人情，
人情大于天。

这下联将考官贪赃枉法，凭人情录取秀才的恶劣行为全写了出来。

这个故事中的上下联，用的是拆字法。“老”和“考”的区别在于最后那一钩朝上还是向下。

“天”是“二”和“人”组成，“大”是“一”和“人”组成，上下联构思都十分巧妙。

lè

乐

甲骨文

金文

小篆

樂

隶书

乐

楷书

音乐使人快乐

“乐”字的读音有三个。一是读“快乐”（lè）的“乐”，二是读“音乐”（yuè）的“乐”，还有作地名读作“lào”。

甲骨文的“乐”字最初读yuè，本义为乐器。这是个象形字。很像在一个木架上张开丝弦的形状，表示这是一种弹奏的弦乐器。到了金文中，中间出现了一个“白”字，很像是乐器上调弦的器物。小篆使其整齐化，隶变后楷书写作“樂”，如今简化写作“乐”。

“樂”字的本义指“乐器”，后来引申指“音乐（yuè）”；因音乐使人快乐（lè），所以又引申为“快乐”；因“快乐”使人心情愉悦，能治病，所以古人在“樂”字上加上草字头变成能治病的“藥”（yào），这个藥字如今简化为“药”。

回过头来说一下“乐器”与“音乐”的乐（yuè）。

人们把演奏的乐曲称为“奏乐”，用乐器演奏的音乐称“器乐”，民族器乐称“民乐”，歌唱的音乐称“声乐”，我国传统的音乐称“国乐”，泛指欧洲美洲的音乐称“西乐”。还有军乐、配乐、哀乐、乐队、乐谱、乐章等词。

音乐能使人振奋、使人快乐（lè），所以人们把安宁和快乐称为“安乐”，幸福快乐称为“欢乐”，享受安乐称为“享乐”，供人快乐消遣称为“娱乐”，取乐或寻求欢乐称“作乐”，精神愉快、充满信心称“乐观”，心甘情愿称“乐意”，对某件事感兴趣称“乐于”，幸福快乐的地方称“乐园”。还有乐趣、乐土、乐道、等词。

“乐”字也作姓氏用。

“洛齿”“洛此”与“乐此”

在笑话故事中，人们常用字词的谐音，造成误读或误解，制造笑料，或最后抖出包袱，让人恍然大悟，引起欢笑。在这里，有手法高明与低劣之分，也有一个人的品味和道德的高下之分。

却说清朝乾隆年间，山东济南有位老先生名叫齐修元。齐老先生已六十七岁，身体尚健，就是嘴里牙齿只剩六七颗了，讲话口不关风，吃东西时，也很不方便。一日参加宴会，坐他身旁的是小他一辈的刘文龙，此人好开玩笑，但没大没小，又不看场合。他见齐老先生低着头，嘴唇一上一下地翕（xī）动着，在咀嚼美食，嘴里没一颗牙齿。他呵呵笑道：“啊，齐老原来是无齿之徒啊。”“齿”与“耻”同音，刘文龙把齐老先生口中无齿，说成“无耻之徒”作为笑料，但众人出于对齐老先生尊重，应者寥寥。

齐老先生见众人默不做声，反而呵呵地一笑，应道：“文龙先生所言，诚如孟子所言，‘贤者然后乐此，不贤者虽有此不乐也。’”

众人听了，反尔哈哈大笑起来。

齐老先生有雅量，不计较刘文龙以牙齿脱落，讽刺他为“无耻之徒”。他还引用《孟子》中的话来教育刘文龙。

“贤者然后乐此，不贤者虽有此不乐也”出自《孟子》。齐老先生利用这句话里“耻”与“齿”同音，“落”与“乐”同音，又以“齿”与“耻”及“此”三字同音，造成“乐此”与“落齿”这一虚一实两个词，告诫刘文龙，“不贤者虽然有满嘴牙齿未落，但他并不因此而快乐啊。”这就是提醒刘文龙，要做贤者，不要做无聊文人。

léi

雷

甲骨文

金 文

小 篆

雷
隶 书

雷
楷 书

闪电时发出巨响——雷

甲骨文的“雷”字是个象形字，也是个指事字。字形像闪电伸张开，两个圆圈则象征雷声滚滚。

“雷”的甲骨文字形中间有曲线，以此指闪电；左右两边也有小方块，以此表示响雷时发出巨大的响声。从科学的角度讲，这是指“带阴电和带阳电的两块云接触时发出的巨大响声”。这响声便是“雷”。

金文的字形由甲骨文演变而来，上面加了个“雨”字头，下面的两个圆圈变成了四个车轮，更突出了雷声滚动之意。

小篆的字形由金文演变而来。楷书的字形由小篆演变而来，隶变后写作“雷”。

“雷”字的本义指“云层放电时，发生的巨大响声”，如像雷声一样震动称“雷动”，神话传说中主管打雷的神称“雷公”，雷响也称“雷鸣”，春天的雷声称“春雷”，这个词也常用来比喻激动人心的重大好消息，声音低沉的雷称“闷雷”。还有风雷、霹雷、雷击、雷雨等。

“雷”字由本义引申指“军事上用的爆炸性的武器”，如地雷、水雷、手雷、鱼雷、炸雷、排雷、布雷、扫雷等。

“雷”字也作姓氏用。

“雷声”和“雷同”

大家都知道，“词”是语言里最小的，可以自由运用的单位。有些一个字就是一个词。有些两个字一个词，称之为“双音词”，还有多音词。如果我们细作推敲就会发现，有些双音词或多音词，它用哪个字来组词，是有一定道理的，有的出自历史典故，有的包含科学原理……

就拿“雷同”这个词来说吧，这是个形容词，词义是指随声附和，也用来指不该相同而相同了。我们常看到媒体上有人揭示，某某作品有抄袭剽窃嫌疑，因为有许多情节雷同。某些影视作品，一开头就打出字幕：“本剧纯属虚构，如有雷同，纯属巧合。”这是先打招呼，如果情节与社会生活某些事件有相同的地方，只是偶然巧合。这里有个疑问：人们为什么用“雷同”这个词来指这种巧合呢？

“雷同”由“雷”字与“同”字组合而成。雷，指打雷。打雷是种自然现象，就像刮风下雨飘雪花一样。那么，为什么不称“雨同”“雪同”“风同”呢？称“雷同”有何依据，有何科学道理呢？

古人造词，当然是有其缘由的。雷，在古代《易经》中称“震卦”。“震卦”是草木茂盛、万物生长的开始。春天到了，一声春雷，引来温暖的阳光和充沛的雨露，世间万物，与之相和。到了夏季，雷声常与闪电相伴，天空乌云翻滚电闪雷鸣，金蛇狂舞。这时，你便会感到，隆隆的雷声，仿佛使人的心脏都微微震动，又仿佛一面大鼓在你耳边敲响。如若你正巧处于山川或峡谷，你的感受会更加深切。雷声过后，那轰隆隆的雷声由近而远，久久才能散尽，这回声听起来就像在附和天上的雷公一样。汉代郑玄指出，“雷之发声，物无不同时应者。”这就为“雷同”词义，做出了科学的解释。

到过深山峡谷的人都有感受，那种空谷回音，悠悠久远，令人难忘。但那种回音，终究没有雷声发出的万物与之相应的那种现象令人震撼，所以我们感受到，只有“雷同”一词用来表述“相同”最为贴切，因为它具有一定的科学性和真实性，所以古人才没有说“风同”、“雨同”啊。

石头成堆——磊

lěi

磊

小篆的“磊”字是个会意字，由三个“石”字组成，表示石头很多，堆积在一起。

楷书的字形由小篆直接变来，写作“磊”，磊字的本义指“石头多”，如石头多得层层累积的样子称“磊磊”，如怪石磊磊、磊磊溪中石。“磊”字由“石头众多”引申指“错落分明”，用来比喻人开朗洒脱，胸怀坦荡，人们将此称为“磊落”。成语“光明磊落”，就是指光明正大，胸怀坦白。“磊”字作书面语用，也指“多而错杂的样子”，如山岳磊落、巨岩磊落。

“磊”字不作偏旁用，可单用。现今仍归入“石”部。

小篆

磊
隶书

磊
楷书

“石磊”读“石堆”

“磊”字以三个“石”字堆在一起，表示石头累积，指石头众多，多得成了堆儿。

这里讲个跟“磊”字有关的笑话故事。

民国年间，苏北宝应城里有位徐先生，别无所长，识得几个字，为了养家糊口，就到一所新办的小学当了教书先生。

徐先生学识浅薄，又不谦虚好学，常常写错字，读错书。碰到有不识不解又不知读音的字，他又不好意思向同行请教，怕丢面子，就常常自作主张，以自己的猜测去教孩子，这就是误人子弟了。

却说这年开学，来了几位新生。校长将一份学生名单交给徐先生。上课时，徐先生按名单开始点名，想先认识一下学生。

徐先生按名单读下去，碰到一位叫“牛犇”的学生，他愣住了。按理说，先生不识字，只要读半边就行了。但这三个“牛”字堆在一起，还是读牛字，这不可能吧？他忽而想到，三个“牛”字挤在一起，不就是一群牛吗？这就是牛群呀。对，这字准是读“群”。他就喊“牛群！”但他连读几遍，无人答应。后来再三追问，有个学生站起来说：“先生，我叫牛犇（bēn），不是牛群！”

徐先生脸儿一红，让牛犇坐下，接下来一个名字又把他难住了。这个学生叫“石磊”。徐先生盯着“磊”字看了半天，不知读什么才好。秀才不识字，只要读半边。这三个石字堆在一起，总不能还读“石”吧？徐先生急中生智，心想，三个“石”字堆在一起，不就是一堆石头么？这个字准是读“堆”，于是他大声喊道：“石堆！石堆同学站起来！”

回答他的是一阵哄堂大笑！

眼里流出的液体——泪

lèi
泪

“泪”字是个后来出现的字。“眼泪”在汉代称作“涕”，就是我们常说的“涕泪俱下”。

小篆的“泪”字写作“淚”，这是个左右结构的形声字。左边的形符是三点水，表示跟液体有关；右边的“戾”字是声符，读“lì”；两形合一，指“眼睛里流出的眼水”。楷书的字形由小篆直接演变而来，写作“淚”，后来用俗体字“泪”作简化字。现在正体字是“泪”，而“淚”则作为异体字了。

简体字“泪”是个会意字，左边的三点水表示跟液体有关；右边“目”字指眼睛，表示眼睛里的液体，本义指“眼睛里流出的水”，如泪水、眼泪、泪液、泪珠、含泪、挥泪、落泪、泪花、热泪、泪痕、泪腺、血泪、拭泪、泪汪汪、催泪弹、声泪俱下、泪如雨下。

“泪”字由本义引申指“像眼泪一样的东西”，如烛泪。

小篆

隶书

楷书

【瓦当欣赏】

秦汉瓦当

汩罗一投千古悲——泪

今天，无锡梁溪谜语研究会在西水关茶楼举办字谜讲座，邀请爱好者参加。

今日主讲是会长马汉文，他以“泪”字为例，讲了几个字谜的特色。哪知话头一开，许多听众就抢着说起自己创作的或听来的字谜来。

有位小青年说：“‘颠三倒四’，谜底‘泪’字。三点水是‘三’字变的，‘目’字是倒下去的‘四’字。”有人说：“‘看下不看上，不料大水涨’。‘看’字下面是‘目’字，加上大水涨里的三点水，谜底也是‘泪’字。”有人大声说：“‘一半沙眼’。‘沙’和‘眼’各一半，就是‘泪’字。”最后，有位老先生说：“诸位，‘汩罗一投千古悲’怎样？”

众人听了，先是沉默，接着个个击掌叫好。这字谜有历史，有故事，有意境。绝妙的是将“一”投入到“汩”字中去就成“泪”。而屈原投汩罗江自尽这一爱国情怀，一直为后人所敬仰。

赵振南赞扬老先生这字谜有品味。他话锋一转，说：“小篆的‘淚’字，为何用‘戾’字作声符？这‘戾’字究竟跟眼泪有没有关系？我查阅了一下，古代的‘戾’字由单扇门的‘户’字和‘犬’字组成，表示狗从门出来时身体弯曲，本义指‘弯曲’，引申指‘不顺’，也指‘罪过’。我们常说的‘乖戾’，指性情或语言行动很别扭，不合情理。这种不合情理，显得乖张、暴虐，容易伤害人，使别人遭受痛苦，受伤害的人会因此而悲伤流泪。也许正因为此，古人才将‘戾’字作‘淚’字的声符吧？”

众人听了，点头称是。赵振南接着说：“我曾在淮阴王营镇工作过，据当地人说，古代王营镇有位名叫蒋福的农夫，家有一犬，深夜犬呜呜哭个不停。蒋福认为是不祥之兆，将狗杀了。三日后，蒋福染病而死，他又将病传给家人。全家人死后，方知瘟疫流行。因为狗的嗅觉特别灵，也许它已闻到病毒的气息，或痛苦，或悲伤，所以呜呜叫。可惜，当时人还没掌握相关的科学知识，将狗误杀了。繁体字‘淚’字用‘戾’作声符，是表示家犬流泪，预示这户人家将有悲哀的事发生，离哭泣流泪不远了。”

事物相似难分别——类

léi

类

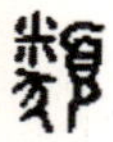

金文

小篆

類

隶书

类

楷书

小篆的“类”字原先写作“頪”，这个字读“lèi”，是个左右结构的会意字。右边的“頁”字指人的头部，左边是“米”字；这两个字形组合在一起，指“事物细小难以分别”。本义指“事物相同或相似难以区别”，隶变后的楷书写作“頪”。

后来“頪”字作了偏旁，古人便在“頪”字左下方另加“犬”字作义符，写作“類”字，表示事物相同或相似难以区别。为什么这样说呢？因为种类相似，以犬最为突出，所以古人加“犬”字以突出因相似而难以辨认之义。后又将“犬”字改为“大”，写作“”，后简化为“类”。

简化字“类”，表示粮食中的“米”是大类。

“类”字的本义指“事物相似难以分别”，后引申指“种类”。许多相同或相似的事物综合称“种类”，不相同的种类或按种类不同而做出的区别称“类别”，比照某一事物的道理或规律、推出同类事物的道理或规律称“类推”，具有共同性质、特点的事物所形成的类别称“类型”，集体中的堕落或变节分子称“败类”。还有词类、归类、分类、门类、人类、兽类、同类、异类、分门别类等词语。“类”字由本义引申指“相似”，如好像，近于，称“类乎”；大体相像称“类似”；还有类比、类人猿、画虎类犬等词语。

“类”和“画虎类狗”

“类”字作名词用，指许多相似或相同事物的综合，如种类。“类”字还用来表示类似，如画虎不成反类犬。成语“画虎不成反类犬”，也作“画虎类狗”，指画虎不成，却画得像狗，比喻好高骛远，一无所成，反留笑柄。说起这一成语的出典，有段名人故事。

东汉初期，有位将领名叫马援，马援是个很有志向，为人正直，洁身自好，严于律己，又关心他人的义士。他当小官时，因同情被冤的犯人，在押解途中私自放了他们，结果自己成了逃犯。后来他成了伏波将军，作战时身先士卒，最后病死军中。

马援有两个侄儿跟随他，一个叫马敦，一个叫马严，这两人性格张扬，举止轻浮，好背后议论别人，常跟一些浮夸的所谓侠客往来。

马援得知此事，便给两个侄子写了封信。此信为《诫兄子严敦书》，信中内容精辟，言词恳切，催人向上，作为名人家书，一直流传至今。信较长，其中有一段的大意是：龙伯高（此人名述，是当时朝廷官员。），厚道谨慎，不随便谈人长短，恭谦节俭，廉明公正，我很敬仰他，望你们学他。杜季良（此人名保，也是当时朝廷官员。），豪爽仗义，与朋友同忧同乐，三教九流，都可为友。家中宾客盈门，我对他也很敬仰。你们可学伯高，即使学得不到家，你们还能做个忠厚善良、谦虚谨慎的人。这就是“刻鹄（hú）不成尚类鹜（wù）”。但是，如果你们去学杜季良的话，若是学不像，那就会变成一个轻浮浪荡，不知好歹的人了，反而“画虎不成反类犬”。

马援信中所说的“刻鹄不成尚类鹜”，指想用刀雕刻鹄——指天鹅；刻得不像，刻成了“鹜”——指野鸭子。野鸭子并不讨厌，这个倒也无妨，这就叫做“刻鹄类鹜”。

马援说的“画虎不成反类犬”，是对两个侄子发出的忠告。虎与狗两者相差太大了。后人将他这段话中的“刻鹄类鹜”和“画虎类狗”作为成语流传下来。用“画虎类狗”比喻好高而无成，留下笑柄，让人耻笑。这两个成语中的“类”字，既有相似的意思，也有类似的意味，对后人深有启发。

lěi

累

用丝连缀成一串——累

小篆的“累”字有两种字形。一是写作“纍”，另一个写作“絫”。隶变后的楷书分别写作以上两个字形，如今都简化作“累”。

“累”代表两个字、两个含义、三个读音。“纍”字读“léi”，本义指“绳索”，进而引申指“连缀（zhuì）成串”，有缠绕之义，又引申指“捆绑、拘系”。

第二种写法“絫”读“lěi”，表示“重叠、堆积”之义，进而引申指“连续多次”，又由“堆积”引申指“积累过多”；由此又引申指“拖累”“牵连”，还引申指“连累”；由于受连累、拖累而造成严重后果，所以又引申出“损害”；由于事物积累过多，那就成了负担，故又读作“lèi”，引申为“过度劳累，十分疲乏”。

古人为了分化字义，后来将原先的本义“绳索”之义就另加义符“系”字，写作“缧”来表示，如今写作“缧”，这个字读“léi”。本义为“捆绑犯人的绳索”。

如今“累”字既可单用，也作偏旁用。凡从“累”字取义的字皆与“积叠”“连续”等义有关。

综合起来，可这样解读：“累”字是个多音字。读作“léi”时，本义指“用丝连缀成串”，如果实累累；由本义引申指“多余”“麻烦”，如累赘（zhuì），也称“累坠（zhuì）”。由上义引申指“牵连”，如连累、拖累。读作“lěi”时，由本义引申指“重叠、堆积”，如积累、成年累月、危如累卵。又引申指“连续、屡次”，如累计、累犯、累戒不改。“累”字读作“lèi”时，假借指“疲乏、劳累”，又假借指“辛劳”，如累了一天、累死累活。

小篆

纍

隶书

累

楷书

“累”和“危如累卵”

“累”字除了表示疲劳、劳累之外，还有积累的意思。“累”字也用来形容接连成串的样子，如累积，表示层层增加。

有个词叫“累卵”，作名词用，指一层层堆起来的蛋，比喻极不稳定，随时可能垮台的局势。这儿的卵指鸡蛋。把鸡蛋堆积起来当然危险啰。

说起这一成语的出典，有段历史文人故事。

距今两千一百多年前的西汉景帝年间，有位词赋家名叫枚乘，他曾在吴王刘濞（bì）手下任郎中，以文辞著称。

吴王刘濞一直对汉景帝刘启心怀不满，总想推翻他，取而代之。他暗中与楚王、赵王等密谋反叛。枚乘不同意刘濞等人的主张，便上书劝谏，力陈利害关系，苦口婆心地加以劝阻。

枚乘给刘濞的劝谏书中有这样一段文字：

能听忠臣之言，百举必脱。若所欲为，危于累卵，难于上天。变所欲为，易于反掌，安于泰山。今欲极天命之上寿，弊无穷之极乐，究万乘之势，不出反掌之易，居泰山之安，而欲乘累卵之危，走上天之难，此愚臣之所大惑也！……

这段文字说的是：你要是能听取忠臣所说的忠言，一切灾难和祸害都能避免。如果你非得按你所想的那样去做，那就“危如累卵，难于上天”。但是，如果你现在就改变主张，那么你仍然是“易如反掌，稳如泰山”。眼下，你想的是要使你一生享尽荣华富贵，得到最大的权势，但你不想用最简单可行的方式，不采取十拿九稳的措施，却要冒着极大的风险，去自找重重艰难险阻，我实在替你担心，为你焦急。

枚乘在这封谏书中，摆事实，讲道理，以极其真诚的心情劝阻刘濞，但刘濞最终没有听从枚乘的忠告，他带领楚赵等七国发动武装叛乱，遭到景帝反击。叛乱失败后，刘濞逃到东越，被东越人杀死。

枚乘这封谏书，虽没劝阻住刘濞，但为后世留下了“安如泰山”“稳如泰山”“易于反掌”“易如反掌”“累卵之危”“危如累卵”等成语。其中两次出现了“危如累卵”，可见枚乘对当时局势凶险的判断，是十分准确的。

四方有角的木头——棱

léng

棱

金文

小篆

棱

隶书

棱

楷书

小篆的“棱”字是个左右结构的形声字兼会意字。左边的“木字旁”作形符，表示跟木头有关。“棱”字右边的“夌”字读“líng”，作声符并会意。

“夌”字与“木”字组合，指“四边有角的木头”。因是指四方有尖角的木头，这与木料有关，所以古人用“木”字作“棱”字的形符。

古人为什么用“夌”字作“棱”字的声符呢?

甲骨文的“夌”字是个会意字。字形的上面表示地穴，下面是一个人从地穴里登上来。隶变后的楷书写作“夌”或“陵”。

“夌”字由本义“从下迈上来”引申指“超越、侵犯、欺侮”之义，此义后用“凌”字表示，这就是“欺凌”“凌辱”。坟墓之义用“陵”字表示，如中山陵。由此可见，“夌”字有刚强、严峻之义。而“棱”字指物体的边角或尖角，这也有凌厉、严峻之义，所以古人用“夌”字作“棱”字的声符并会意。

楷书的字形由小篆直接变来，写作“棱”。

“棱”字的本义指“方而有四角的木头”，如棱和角，也用来比喻露出来的锋芒，称“棱角”；漏洞或机会及迹象称“棱缝”；还有瓦棱、眉棱、桌子棱儿等词。

“棱”字由本义引申指“立体的两个平面相交部分”，如棱镜、棱台、棱柱、棱椎（zhuī）、三棱镜。“棱”字是个多音字，读作“lēng”时，指“颜色错杂，不纯正”，如花不棱登、红不棱登。“棱”字读作“líng”时，作地名用，如黑龙江省的“穆棱县”。“棱”字读作“léng”时，义与“楞”字相同。

“棱”和“模棱两可”

“棱”字作名词用，指物体上不同方向的两个平面连接的部分，也就是口语中常说的柱子或桌子角，也称桌子棱儿或柱子棱儿。成语“模棱两可”，指对事情不置可否，这样也行，那样也可，没有明确的态度或意见。

说起这一成语的出典，有段历史故事。

唐朝初年，朝廷有位大臣名叫苏味道，赵州栾城人，即今日河北栾城人。他颇有文才，是当时较有名气的文学家。唐高宗年间考中进士，武则天当政时，当过好多年宰相。

苏味道当宰相，凡事都看武则天脸色行事，理应属他管的事，他也是犹豫不决，从来不表明自己的主张。他往往显出你说的对，他说的也不错，这样他不得罪任何人，也不会犯过错，因为他没做过决策，有过错也摊不到他身上。只有如此，他才能保住自己的名誉地位。

《唐书·苏味道传》中记有他的一句名言：“决事不欲明白，误则有悔，摸棱持两端可也。”这话的意思是：处理事情不必说出自己的意见，否则，出了事后悔不及。摸棱持两端为好。这句话充分地表露了他圆滑的处世哲学和敷衍塞责的工作作风。

这里的“棱”就是棱角，具体地说，一根四角方方的柱子，有四条棱，你用手摸任何一条棱，就会同时摸到两个面，所以称之为“持两端”，就是说你摸到的是两端。

苏味道所津津乐道当作经验之谈的“摸棱持两端”的作为，即使在那个时代，也是被人耻笑的。不少人称他为“苏摸棱”，或叫他“摸棱手”和“摸棱子”。尽管他耍尽滑头，处处讨巧，明哲保身，但最终还是被人告发，被贬到四川眉州，客死他乡。

“摸棱持两端”这句话，后人紧缩为成语“模棱两可”，形容不负责任、不置可否，不作决断、不表态度。这里的“摸”字作动词用，指用手摸棱角，这很贴切，也很准确。但如今改作“模棱两可”，“摸”字改“模”字，表达的意思似乎不那么直接，那么形象了。

lěng
冷

寒凉温度低——冷

小篆的“冷”字是个左右结构的形声字兼会意字。左边的两点水作形符，这个字读“bīn”，在甲骨文、金文和小篆中是个象形字，字形就像初凝的冰花形，是“冰”字的本字，也是最早的“冰”字。右边的“令”字读“lìng”，作声符并会意。这两个字形组合在一起，指“寒，凉，温度低”。

温度低到一定程度就会结冰。只有十分寒冷时才会结冰，所以古人用表示结冰的两点水作“冷”字的形符，用来突出寒冷之意。

古人为什么用“令”字作“冷”字的声符呢？有学者认为，“令”字是古代君王所下的号令。“令”，有“森严凛冽不可抗拒”之意。严寒袭来，也有寒风凛冽不可抗拒之意，所以古人用“令”字作“冷”字的声符并会意。

楷书的字形由小篆直接变来，写作“冷”。

“冷”字的本义指“寒、凉、温度低”，如冷冻、冷库、冷凝、冷暖、冷气、冷却、冷饮、冰冷、干冷、寒冷、阴冷、制冷等。

“冷”字由本义引申指“不热情、不温和”，如冷淡、冷落、冷笑、冷漠、冷遇、冷眼、冷酷。“冷”字由上义又引申指“不热闹、寂静”，如冷场、冷寂、冷静、冷清。“冷”字假借指“暗中的，意料之外的”，如冷箭、冷枪、冷战、冷不防。

“冷”字还引申指“生僻、少见、不受欢迎”，如冷门、冷字、冷僻。

“冷”字也作姓氏用。

冷
小篆

冷
隶书

冷
楷书

冷泉亭四对联

杭州西湖不远处的灵隐寺，是游人最多的地方。寺庙山门左边有个冷泉亭，这冷泉亭已有一千六百多年历史了。据说当时这儿本是一片平地，忽而出现了一座山峰。因峰下山洞有泉水喷涌而出，且清澈冰冷，因此称“冷泉”，有人在泉旁盖一凉亭供人休息，此亭便叫“冷泉亭”。这样，原来不出名的灵隐寺，也因“冷泉亭”出名了。

明朝万历年间，书画家董其昌与众好友游灵隐寺，来到冷泉亭时，诗兴大发，题下一联：

泉自几时冷起？
峰从何处飞来？

清朝同治年间，著名国学大师俞樾及家人来到冷泉亭，看到董其昌所题对联，连声说：“一联两句，问得好，只可惜无人回应。”寺内住持大和尚求道：“恳请大师留下墨宝。”俞樾也？不推让，提笔写下一联：

泉自有时冷起，
峰从无处飞来。

俞樾的女儿是个才女，她认为父亲写得太实。你怎知此泉时冷时不冷？即使“无处”，又怎飞来？俞樾点头称是，鼓励她也写一联：

泉自冷时冷起，
峰从飞处飞来。

此联不仅回答了董其昌所问且颇有禅机。后来清朝大臣左宗棠到此。也留下一联：

在山本清泉，自源头冷起。
入世皆浊峰，从天外飞来。

这一联对董其昌的发问回答得更具体了，且含义更耐人寻味。

lí

离

甲骨文

金 文

小 篆

離
隶 书

离
楷 书

用网逮住小鸟——离

甲骨文的“离”字，是个上下结构的会意字。上面是一只手，中间是一个捕鸟兽的网。网里有一只“隹”，这是一种短尾巴的小鸟，如麻雀、黄鹂之类。下面有只手握住网，表示手拿网逮住一只小鸟。上面一只手从网里把鸟儿拿出来，含有分开的意思。本义指“分开，去掉”。

有人认为，以上说法欠妥。把鸟儿从网里拿出来，只是表示捕获，因被捕获而致使它离开了群体，这才有了分离的意思，因此“离”字的本义为“鸟遭到捕获”，“分离”是引申义。

小篆的“离”字由甲骨文演变而来，写作“離”，变成了左右结构的形声兼会意字。左边手拿网的“离”字为声符，读“lí”，右边的“隹”字为形符，表示小鸟。这两个字形合在一起，表示小鸟被捉住了。

楷书的“離”是由小篆演变而来，简化为“离”。

“离”字的本义指“小鸟被捕捉”，由本义引申指“分开、去掉”，如离别、离婚、离家、离间、离弃、离任、离题、离心、分离、隔离、流离、叛离、偏离、脱离、游离、离群索居。

离开了，就会产生距离，“离”字由本义引申指“相距”，如距离、离谱、离奇。

“离”字假借指“缺少”，如“鱼儿离不开水，人离不开空气”。

“离”字还假借指“色彩复杂”，如陆离、光怪陆离、斑驳陆离。由此又引申指“模糊而难以分辨清楚”，如睡眼迷离、迷离恍惚。

“离”字也作姓氏用。

恼心消除内心变——离

无锡西水关茶楼的吴老板，为子女事，与老伴闹矛盾，萌生离婚之意。后经梁溪谜语研究会会长老马，借测解他心中“烦恼”的“恼”字，说他“有心不想离”，经一番劝解开导，他放弃离婚念头，夫妻恩爱如初。吴老板的侄女得知此事，特地来找吴老板，说她丈夫在菜场卖肉，收入低、脾气躁，时有家庭暴力，侄女有离婚之心。她想请马先生测个“离”字，她不好意思出面，请吴老板代问。

吴老板将马汉文和周其良请来，说明原委，请马先生开恩，务必帮忙。马汉文说：“这是玩笑，当不得真的。”吴老板说：“你对我讲的‘恼’字，不也是玩笑吗？我当真了，不蛮好吗？金口玉言，胜造七级浮屠啊，你就用这个‘离’字，再开个玩笑吧。”周其良悄悄说：“老马，你就当作居委会的调解员，摆事实，讲道理，做些心理辅导吧。”

老马只好勉为其难，掏出笔，写了个“离”字，沉思了好一会，说：“这个‘离’字其实是个凶险的字，轻易碰不得。有人说它是‘人来鸟不惊’。你看‘离’字上加一‘人’字，马上变成飞禽走兽的‘禽’字。‘禽’是老鹰之类猛禽，与‘兽’合成“禽兽”，难怪这‘离’字有离别、弃离、离散之苦啊。所以我认为不到万不得已，千万别轻易离婚。”

吴老板听了，连连点头。老马接着说：“这‘离’字上半个‘口’字内有个‘文’字。教师嘛，也算文人，文质彬彬。下半个口字内的一弯一钩，是‘私’字的一半，你这侄女被丈夫打过，心有不满。除此之外，她是不是嫌他穷，嫌他社会地位低？她是不是认为教师是文人，工资高，受人尊重？她是不是也有私心啊？”

一番话，说得吴老板心服口服。他问：“那这离婚的事该不该提出来呢？”

马汉文说：“那就要慎重对待啰。你看，这‘离’字斩头去尾，凶相毕露，上面就是个‘凶’字。这‘离’字上面一点加一横，竖起来就是竖心旁，当作“心”字解。横下来就是无烦恼之心。下面呢，是“内”字里一弯钩，这一弯钩可看作是内心变化，所以一定要权衡得失，考虑周全再做决策。只有到万不得已时，再谈离婚。”

lí

梨

小篆

梨

隶书

梨

楷书

果实可吃的梨树

“梨”字是个上下结构的形声字兼会意字。小篆的字形写作“棃”，楷书的形体由小篆直接演变而来，繁体字写作“棃”，后被作为异体字淘汰。“梨”是楷书规范的写法。下面的“木”字是形符，表示跟树木有关。上面的字形是“黧”字简省的写法，表示黄黑色，用来作声符兼表意。因梨的果实外表似黄黑色，所以以此作声符。

“梨”字的本义指“果树名”，这是种落叶乔木，果实可当水果吃。梨可制成梨膏。梨有沙梨、凤梨、鸭梨、棠梨、白梨等品种。

“梨园”一词，据说是唐朝皇帝唐玄宗令乐工、宫女在“梨园”内演习音乐舞蹈，后来沿用“梨园”为戏院或戏曲界的别称。如梨园世家、梨园弟子。

“梨”字的读音跟“李”相通。“李树”也是一种果树，在植物学里同属蔷薇科，落叶乔木。

梨树和李树都是在春天开白花，桃红梨（李）白是春天特色的景色。

一般人很难分得清哪个是梨树，哪个是李树。故民间有“假梨真李”之说。不过也看得出来。梨树的叶子近似于苹果树叶，而李树的叶子近似于桃树叶。

“梨”字也作姓氏用。

生“梨”死鳖

明朝有位大文学家名叫冯梦龙，他不仅创作了许多文学作品，传之后世，还收集了大量古人雅事或浪漫故事，编写成书，供后人欣赏。其中有一本《古今谭概》，讲了不少颇有深意的笑话故事，令人捧腹，也让人深思。

书中说了个故事，讲的是明朝年间，太仓城内有一富豪家办喜事，亲朋好友，都上门祝贺。富豪摆出大宴宾客的架势，招待八方来客。可这富豪虽家财万贯，却小气得要命。客人进门送礼，他笑脸相迎，一一收下。可当客人坐下，品茶吃水果时，却发现端上来的桃子是烂桃子、梨子半生不熟，酸得不能进嘴。待到酒宴开席，宾客们纷纷入座时，闻到一股怪味，原来是鱼虾不新鲜，特别是那一大盆老鳖有臭味，看来是死鳖，加浓酱烧制的。有些人怕吃坏肚子，迟迟不敢动筷子，宾客中有位文人名叫王元美，他指指桌上的生梨和盘中的死鳖，对众人感叹道："今日我等来贺喜，高高兴兴，却不知，世上万般愁苦事，莫过于生梨死鳖啊。"

众人听了，一品味，顿时哈哈大笑。他们都明白，王元美借"别""鳖"近音，"梨""离"同音，说出了人生"生离死别"之苦，借此讽刺了这富豪用生梨和死鳖来待客，是多么吝啬，多么刻薄啊。

用牛耕种土地——犁

lí

犁

金文

小篆

犁

隶书

犁

楷书

小篆的“犁”字是个上下结构的形声字兼会意字。下面的“牛”字作形符，表示跟“牛”有关；上面的“利”字读“lì”，这是“黎”字简省的写法，作声符并会意。

“牛”字与“黎”字组合，指“用牛耕种土地”。因是用牛耕种土地，所以古人用“牛”字作“犁”字的形符。

古人为什么用黎字作“犁”字的声符呢？

小篆的“黎”字是个形声字，从“黍”，本义指“用黍米糨糊把布粘合在一起，做成布壳以做鞋底用。”而犁是把田里的土翻开再把种子放进去，然后用土埋上，也有粘（zhān）合的意思。这与粘合布做鞋底是相通的，所以古人用“黎”字作“犁”字的声符并会意。

楷书的字形由小篆直接变来，写作“犂”，后作异体字被淘汰。“犁”是楷书的正体字。

“犁”字的本义指“用牲畜耕种田地”，如犁地、犁田；一年中开始耕地叫“开犁”；安装在犁的下端，用来翻土的铁器称“犁铧”；一种改良后的犁称“步犁”。

“犁”字由本义引申指“与耕地有关的农具”，如犁头、犁杖、木犁、爬犁、耙犁、雪犁等。

我有一张犁

在众多的文化话题中，当数“酒文化”最有文化。自古以来，酒与诗就密不可分，有酒必有诗，有诗必有酒。有人用诗一般的语言说，“诗是从酒里流淌出来的”。明朝有个人叫田汝成，他写了本《西湖游览志作》，书中记载，南宋末年，奸臣贾似道当权，有一次他在家宴请右丞相马廷鸾和左丞相叶梦鼎。席间行酒令，规定要以一事物引出一人物，再引出两句古诗或古谚。贾似道起首令道：

我有一局棋，
付与棋师，
棋师得之，
予我一联诗：
自出洞来无敌手，
得饶人处且饶人。

贾似道以棋引出棋师，再引出两句古谚，以此自吹，显示出狂妄与骄横。叶梦鼎与贾似道政见不合。他接令道：

我有一张犁，
付与农夫，
农夫得之，
予我一联诗：
但存方寸地，
留予子孙耕。

最末两句，向贾似道发出了严正警告。看来，古人的酒席宴，也是腥风血雨的战场啊。

祭祀用的器物——礼

lǐ

礼

甲骨文

金文

小篆

禮
隶书

礼
楷书

甲骨文的“礼”字写作“豊”，这是个象形字。字形像高脚盘的礼器“豆”，在这“豆”中盛满了祭品，表示祭祀之意。金文的字形大致相同，小篆分为两种字形，一是以“豊”表示祭祀，二是以“豐”表示丰满。

隶变后的楷书写作“豊”。“豊”指祭祀用的礼器，也指祭祀时的各种礼仪。由于“豊”作了偏旁，礼器、礼仪这两层意思，便另加义符“示”，写作“禮”来表示。

楷书的“禮”字，是个左右结构的形声字兼会意字。左边的示字旁表示跟神灵有关，右边的“豊”字是声符，读“lǐ”。这两个字形组合在一起表示祭祀神灵，祈求赐福。

“示”字，是祭祀用的供桌，所以“禮”字用它来作形符。

古人为什么用“豊”字作“禮”的声符呢？因为“豊”是祭器，供桌上放着祭器，表示祭神祈福，所以“禮”字用“豊”字作声符并会意。

“禮”字简化后写作“礼”，本义指“祭祀神灵用的礼器”，后引申指“祭祀时的行为”，如向神灵行礼称“礼拜”，烧香拜佛称“礼佛”。由本义引申指“表示尊敬的言语或动作”，如礼貌、礼节、礼俗、礼遇、非礼、还礼、敬礼、拘礼、赔礼、失礼、施礼、行礼、礼尚往来、彬彬有礼等。

“礼”字由上义还引申指“表示祝贺或敬意的赠物”，如“礼金、礼品、财礼、贺礼、厚礼、献礼等”。又引申指“社会生活中由风俗习惯而形成的各种仪式”，如婚礼、丧礼、礼教、礼服、礼帽、礼堂、礼仪、典礼、观礼、洗礼等。

“礼“字也作姓氏用。

老将军赠梨赔礼

在汉字中，有许多字或词，读音相同或相近，这就是“谐音”或“谐声”。人们常用谐音这一创作手法，来达到意想不到的效果，即使平时交往，也常用谐音来表白自己的心意。

却说建国后的朝鲜战争中，一位功勋卓著的老将军，在指挥一场战役时，因后勤供应没跟上，延误了战机。为此，他十分恼怒，将负责后勤工作的李参谋长狠狠批评了一顿，并给予了处分。李参谋长很委屈，但没有做辩解。事后查明，是大桥被炸毁，军车无法通过造成的，李参谋身先士卒，跟战士们一起，冒着敌军的炮火，一边抢修大桥，一边扎木排，搜集船只，运送物资，他们已竭尽全力，但还是耽搁了一天的时间。

老将军得知实情后，觉得对李参谋长的批评和处分有点不当，心里感到不安。这天，在开军事会议前，老将军拉着李参谋长的手说：“对不起呀，老伙计，前天错怪你啦！”说着，他顺上拿起桌上一个梨说：“这是国内来的慰问品，我送你一个梨，请你吃梨，给你赔梨（礼），向你敬梨（礼）！”说罢，他立正，很郑重地给李参谋长敬了个军礼。

李参谋长立即回了个军礼。

两位老将军，在“梨、礼”的谐音中，在“赔梨”“赔礼”和“敬梨”“敬礼”中，感受到了老战友的深情厚谊。

李

甲骨文

金文

小篆

李

隶书

李

楷书

最能滋生繁育的李树

小篆的“李”字与现今的“李”字没什么差别，俗称“木子李”，也称“十八子李”。它由“木”和“子”字构成，属形声字。上面的“木”表明这个字与树木有关，“子”是读音，它的本义指“李树”。

其实，“李”字应该属于形声兼会意字，会意在哪儿？会意在李树的特性上。

在树木中，李树是一种特别能滋生繁育的果树。李树成熟、结果时，枝头上结满累累果子。人们以此来比喻充满生机、人丁兴旺、子孙满堂。

李子的果实有浓浓的酸味，怀孕妇女呕吐时，吃一颗李子就能抑制呕吐，所以人们在“木”字下加个“子”，来说明“李”树是一种能帮助生子的树。另外，加上“李”字可拆成“十”“八”“子”三个字，而“十八子”正巧说明子孙多，所以李子又称“嘉庆子”，这是个吉祥字。

李字除了表示“李树”之外，主要是表示姓氏。在中国，李姓是个大姓。据说，在所有姓氏中，姓李的人最多。如此想来，老祖宗造字，真有道理啊。

唐·怀素《自叙帖》

宋·黄山谷《寒食帖跋》

木子当天——李

唐朝的开国皇帝是李渊。

唐高宗上元初年，洛川部城县有一位老农上山采药，拾到一块刻有铭文的石碑，因为年代久远，上面的字迹已经模糊不清了。

老农估计石碑有些来历，不敢隐瞒，连夜献给了县官樊文。

樊文也不敢怠慢，又急忙告知了州官。州官也觉得此事非同小可，立刻报告了朝廷，最后一直传到唐高宗那里。

唐高宗找人一鉴定，方知这块石碑是北朝后魏年间寇天师所刻，刻的是“木子当天下”几个字。这是什么意思呢？为了解开这个谜团，高宗广招天下文人学士来辨识，最后的结论是：碑上五个字确实是“木子当天下”。

高宗大喜。因为“木子当天下”的“木子”相合，分明是个“李”字，看来寇天师几百年前就预知姓李的要当天下大王啊。

这个颇有传奇色彩的故事，以一块几百年前的石碑，来印证“李”姓得天下。故事情节有点儿荒唐，有明显编造的痕迹。但也不排除好事者故意弄了块石碑，刻上“木子当天下”五个字，以讨皇上欢心，也没人敢去考证真伪，所以就以假当真，流传至今。

投桃报李

lǐ
里

人所聚居之地——里

“里”字是个会意字，由“田”和“土”两个字形组成。因为有了田和土地，才能种植五谷杂粮和瓜果蔬菜，人才能得以生存，所以古人依田而居，这儿指人所居住的地方。

古代“五家为邻，五邻为里”，也就是说二十五家为一里，这就是“乡里”。

小篆的字形略有变化，它将金文下面的“土”字线条化，隶变后的楷体写作“里”，如今又作了繁体字“裹”字的简化字。

“里”字的本义指人们聚集在一起居住生活的地方。住得很近的称“邻里”，家乡称“故里”，小巷胡同称“里弄”，“同里、乡里、梓（zǐ）里”都是这层意思。

古代人们居住的地方有一定的距离，由此“里”字又引申指“长度单位”。上古时期以三百步为一里，所以“里”字作量词用，如表示路程称为“里程”，也指发展过程；计量海洋上的距离称为“海里”，1海里等于1.852米；公制长度单位称“公里”，等于1千米，合二市里；市制长度单位称“华里”，1华里等于500米。

“里”字也作代词用，问方向或指较远的地方，如你去哪里、那里就是我家；也作反问句用，如“我哪里会像你这样！”

古代的“裹”字表示衣服的内层，这个“裹”字内有个“里”字，所以“里”字又成了繁体字“裹”字的简化字，表示“里面、内部”，如里边、里屋、被里子、里应外合、里出外进、里勾外连、里通外国。

“里”字也作姓氏用，读“lǐ”。

里
金文

裹
小篆

裹
隶书

里
楷书

拆解“里”字化解矛盾

却说苏北阜宁县益林镇的胡德先，对测字情有独钟。他时不时地为乡亲们测个字，说些安抚的话，也弄两个小钱花花。本来怕人说是搞迷信活动，不敢声张，但时间久了，此事已成为公开的秘密。反正他也不说坏话，不贪钱财，乡亲们给支烟，间或请他喝口小酒，在酒桌上他卖弄一番，让大家哈哈一笑，也长点见识，所以渐渐为村民们所接受了。有时村长也请他喝酒，要他帮忙调解纠纷呢。

张吴村的张金富是种粮大户，吴荣喜是水果大王，张家的水田紧挨着吴家的果园。两家本来相安无事，可近日要铺一条小路，从这两家交界处通过，为了几十厘米宽的距离，双方争执不下，伤了和气。村长出面协调，他将村里几位德高望重的老人请来，也事先跟胡德先讲明，请他到时打个圆场。

众人来到村委会坐下。张吴两家各自说了理由，村长笑呵呵地说：“乡里乡亲的，为田埂上那点地，值得死吵活喊吗？”

胡德先不失时机地开讲了：“老村长既说到乡里邻里的‘里’字，我就将‘里’字拆开给你们看看。”说罢，掏笔在本子上写了个“里”字说：“这‘里’字上面是‘田’字，下面是‘土’字，这就是拉土造田，田地相连啊。古时候，上面的‘田’字是指水田，可种稻，下面的‘土’字是土地，指可种树。按上北下南来说，南面是张大爷家稻田，北面是吴三爷家果园，现在当中要铺一条小路。这是件大好事啊，一来便于大家往来行走，二来小拖拉机也开得进，于两家有益呀。这‘里’字属‘去头留尾’，也就是指‘去’字的上半部‘土’字，‘留’字的下半部‘田’字。按我说呀，你们两家互不相让的那面积，已去掉大头，留下点尾巴，巴掌大点地方，就不要计较啰。”

村长说：“德先大爷说得对啊，你们两家在村里一个是种粮大户，一个是水果大王，在县里有名呀。”

胡德先接着说：“可不是么？这‘里’字拆开来是‘二’‘甲’两字。甲是第一，正是指你们两家啊。莫辜负这两个好名声啊。”

胡德先话音刚落，众人都拍手叫好。

加工玉石——理

理

小篆的“理”字，是个形声兼会意字。左边从“玉”，表明这个字与玉石有关。右边从“里”，是这个字的读音。

古代的“里”字是个会意字，由“田”和“土”组成。“田”和“土”是生产五谷的地方，也是人所居住的地方，人们往往依地形而建房。用在这儿，表示加工“玉”必须依玉的纹理进行雕琢。所以从“里”声并会意。

古代的“玉”字，像一根绳子，穿着三块玉石，是个象形字。为了区别“王”字，所以加了一点，成了今天的“玉”字。“玉”字在作偏旁时，仍是“王”字形，只是下面的一横向上斜，所以俗称“斜王旁”。但准确地说，应是“斜玉旁”。

弄明白了斜玉旁是“玉”的含义，我们就明白，“理”就是雕琢加工玉石的意思，这也就是“理”的本义。

既然“理”有加工、雕琢的意思，就引申为经营、管理、办理、处理、治理、理财的意思。

理，还有整顿、整理的意思，如理发、理报纸。

物体上自然构成的条纹、纹路也称“纹理”“肌理”。

规律和是非曲直称为“理由”“道理”“真理”，有层次称为“条理”，学科中有“理科”，对别人的言语行为表示态度称“搭理”“置之不理”。

金文

小篆

理

隶书

理

楷书

胡知县说歪理

明朝嘉靖年间，松江有个胡知县，此人奇贪无比，把老百姓的血汗钱榨了个精光。百姓们苦不堪言，对他恨之入骨。

一天，巡抚大人从该县经过，百姓们决定趁机告胡知县一状。于是他们把胡知县的种种罪名一一写在纸上，递交上去。可巡抚大人看一眼说，公务太忙，没时间处理，等日后再说。谁知这一等就是几个月。

对此，胡知县不但没有收敛，反而变本加厉了。就在这时，河道总督出巡河堤修筑工程，来到了松江。百姓们仿佛又看到了一线希望，忙联名上书，希望这次能有个结果。虽然总督大人答应，一定会好好调查，给百姓一个满意的答复，但是没出三天，他也拍拍屁股走了。

看到一切又回到了老样子，百姓们不由仰天长叹，天下之大，难道就没有说理的地方吗？这话传到胡知县耳朵里，他冷笑一声，说道：“理？‘理’字拆开是‘王’和‘里’，若想将理说赢，必须先有王牌为盾，否则就是走上万里路也是枉然。”

这胡知县讲的是歪理，但也反映了那个时代的事实，官官相护，百姓有理无处伸冤。

理

从庄稼中走过——历

lì

历

甲骨文

金 文

小 篆

歷

隶 书

历

楷 书

甲骨文的“历”字是个会意字。上面是个“秝”字，这个字读“lì”，表示禾苗稀疏合宜，两个“禾”字连在一起指一行一行的庄稼。下面是个“止”字，是脚趾朝着一行行禾苗，表示脚从一行行庄稼中走过去，有“经过”之意。

金文的字形由甲骨文演变而来，变成了左上包围结构的形声字兼会意字。左上方的“厤”字读“lì”，作声符。下面的“止”字作形符，表示跟脚行走有关。这两个字形组合在一起，表示“脚步从崖前一行行的庄稼中走过去”。

古人为什么用“厤”字作“历”字的声符呢?

因为“秝”字表示一行行庄稼。“厂”字读chǎng，在甲骨文中是个象形字，字形像向外突出的山崖。这字与“秝”字组合，指山崖前一行行庄稼。所以“历”字用“厤”字作形符并会意，指脚步从山崖前一行行庄稼中所走过的经历。

小篆的字形由金文演变而来。楷书的字形由小篆直接变来，写作“歷”，现简化为“历”。

“历”字的本义指“经过”，如经历、亲历、历时、身历其境。“历”字由本义引申指“经历了的”，如历程、历代、历来、历史、病历、学历、资历、阅历。“历”字又引申指“遍，一个个地”，如历次、历任、历陈、历数、往事历历。“历”字还引申指“记录年月日节气的书、表等”，如历法、历书、皇历、年历、农历、日历、阳历、阴历等。

历尽春夏秋冬

唐代诗人杜牧，就是那位写出“清明时节雨纷纷，路上行人欲断魂”的大诗人，他曾在池州当过刺史，关心百姓疾苦，审理各类案件，秉公而断，深受当地人的称赞和爱戴。

当时池州治下的青阳县，有个名叫陈玉堂的穷秀才，因多次参加乡试，都未考中举人，只好回家乡给一大户人家当私塾先生。这大户人家有钱有势。他子孙众多，全交由陈玉堂管教，讲好年薪八吊钱，平日管饭。陈玉堂尽心尽职，教这十几个孩子读书识字，哪知到了年底，该发薪水回家过年时，大户人家却以他不学无术，误人子弟为由，将他辞退，且分文不给。陈玉堂实在无奈，就到池州府鸣冤叫屈。杜牧亲自审理了这个案子。陈玉堂申诉道：“在下四季训蒙，教学有方，学童均有所获，绝非主家所说，也可考考学童。还望刺史大人明察。”杜牧听罢说道：“他说你不学无术，误人子弟。你自称教学有方，成绩显著。你说考你的学生，不如由我来考考你，看是否有真才实学。本官出副上联，看你能否及时对出下联，测测你的文才高下，如何？”陈玉堂道：“请大人出题！”

杜牧四周看了看，指着堂上一纱灯说道：

四面灯，单层纱，辉辉煌煌，照遍东西南北；

陈玉堂略一沉思，从容对出下联：

一学年，八吊钱，辛辛苦苦，历尽春夏秋冬。

杜牧听罢，连声称好。上下联一一对仗，下联十六个字，一气呵成，如泣如诉，表白了自己的辛劳与冤屈，其中“历尽”的“历”字，最为深沉有力，概括了一年间寒来暑往所负出的心血，到头来却遭如此诬陷和不公，如此仗势欺人，天理何在？

杜牧深深被打动了，立即派人将大户人家户主唤来，当庭训诫，责令加倍支付陈玉堂年薪，并跪地请罪，求得陈玉堂宽恕。青阳县令也因贪赃枉法被革职查办。

站地上不动的人——立

甲骨文

金 文

小 篆

立
隶 书

立
楷 书

甲骨文和金文的“立”字，都是指事字。上面是个“大”字形，这是正面的“人”。小篆跟甲骨文和金文的区别就在于上面的“大”字形已变成“人”字了。“人”字下面都有一横，表示地，用以指明一个人站立在地上不动之义。这既表示站立，也表示站立的地方，所以说它是指事字，不同于象形，也不完全是会意。

小篆字形使其文字化，隶变后楷书写作“立”。

《说文解字》的解释是：“立，住也。从大，立一之上。”

“立”字的本义是“站立不动”，如军事或体操口令，或命令正在行进的队伍停下并立正称“立定”；立在地上称“立地”；站得住脚，能生存下去称“立足”；同时存在称“并立”；顶端朝下地竖着称“倒立”；直立称“兀（wù）立”；直直地立着称“直立”；长时间地站着称“伫（zhù）立”。

“立”字由本义引申指“竖起来”，如高耸地立着称“矗立”，还有耸立、竖立、树立、立柜、立井、林立、壁立等词语。

“立”字又引申指“建立”，如立法、立功、立案、立户、立国、立论、成立、创立、建立、设立、成家立业等。由上义又引申指“确立”，如立冬、立春、立言、立场、立志、立意、确立、当机立断等。由本义又引申指“生存、存在”，如独立、孤立、独立自主、安生立命。

“立”字假借指“马上”，如立刻、立等、立即、立决、立时等。

竞争激烈，十分辛苦——立

南京奇人郑可鉴，钻研汉字颇有心得，亦有成果，如今也小有名气了。一天，在开往安徽九华山的旅游大巴上，有位背着挎包，神情沮丧的少年，引起郑可鉴的注意。中途停车休息时，他有意上前套近乎：“背着包，到庙里进香啊。”少年叹口气：“报名当和尚。”郑可鉴笑道：“当和尚可不易啊，不是报个名就能行的。”少年惊奇地问：“也要考试？”

就凭这几句话，郑可鉴就摸准了：这孩子厌学，离家出走想当云游四方的和尚了。他试探着问：“成绩不好，不想读书了？”少年没正面回答，反而问：“车上有人说你会测字算命，你就给测个字，算个命吧。”

郑可鉴笑道：“我不会算命，但会测字解字，帮你出出主意。说吧，测什么字？”少年高兴地说：“我叫钱隆立，测个‘隆’字吧。”

郑可鉴故作惊讶地说：“哎呀呀，吓煞人，听起来是乾隆爷唷。这‘隆’字左边是软耳朵，右边上面是‘文’字，下面是‘生’，这就是指你文弱书生，耳朵旁指你上课时要用耳朵听讲，思想不要开小差，否则考试不及格……”如此解字，郑可鉴自己也觉得好笑，这纯粹是借机批评他不好好学习，落得如今下场。

钱隆立生气地说：“你这哪像测字？这些话我听腻了。你测测看，我将来该怎么办？”郑可鉴鼓励道：“你将来远着哩。说正经点，这‘隆’字右边有‘冬生’的字形。你学过‘隆冬’这个词吧？冬天万物萧条，但蕴藏生机。这表明你暂时成绩不太好，但你很有潜力，不要泄气。”

郑可鉴这么一说，钱隆立来劲儿了。他说：“那你再给我测个‘立’字吧，看我是去当和尚还是打工或者是自学一年考技校？”

郑可鉴夸道：“说得好。看来你刚初中毕业吧？这个年纪，前途广阔着呢。当和尚要念经，经书连我都看不懂，你初中文化，庙宇里还不要呢。你要测的‘立’字，上面是‘竞’字头，不管你是打工还是读书，竞争都很激烈。这‘立’字下面加‘十’字为‘辛苦’的‘辛’，这表明不论干什么事，都要经历千辛万苦，这样才能找到立足之地，所以古人在‘立’字旁边加个单人旁叫‘位’。什么叫‘位’？就是你的位置，你的地位。”这番话打动了钱隆立，他微微地点了点头。

级别低的官员——吏

吏

甲骨文

金文

小篆

吏
隶书

吏
楷书

甲骨文和金文的“吏”字是个会意字。字的上部像一支笔和一块板，下部是一只手，表示手拿一支笔在板上写字，记下当时发生的事情。

古代什么人才会手握笔写字记事呢？只有担负管理职能的官员才能做这样的事，所以“吏”字指“官员”。

也有人认为，“吏”字是由“一”和“史”字组成。在古代，“史”字就是指记录君王的行动和言论的人，称之为“史官”。“史”字与“一”字组合，就是指“一个官”。

“吏”字的本义就指“古代官员的统称”，如暴吏、酷吏、官吏、刀笔吏、狱吏、贪官污吏。

“吏治”就是指地方官员的政绩和作风。

汉代以后，“吏”字主要指官府中的小官和差役。如杜甫诗《石壕吏》：“暮投石壕村，有吏夜捉人。”夜晚去捉人的，大都是在衙署中从事具体事务的办事人员，诸如捕快、捕头之类。

汉《张迁碑》

唐·怀素《自叙帖》

史大人头加一横——吏

明朝正德年间，朝廷任命翰林学士史克方为主考官，赴浙江主持当年乡试的监考、阅卷事务。

史克方年近七十，学识渊博，为人宽厚，深孚众望。考后初评出二十份考卷，史考官一一面试，想看看这些入围的考生中，谁的才华最为出众。

这天，一位名叫鲁学敬的考生来应试。

史考官问了姓名籍贯，见他举止文雅，便说："我出个上联，你能对出下联么？"

鲁学敬躬身答道："请老宗师出题，晚生尽力而为。"

史考官吟道："鲁学童腰去四点，曾门弟子。"

鲁学敬略一思考，朗声应道："史大人头加一横，吏部天官。"

史考官听罢，连声夸道："好！好！"当即提笔取他为第一名。

这两人作的是副拆字联，上下联共拆三个字。上联，史考官取鲁考生的姓拆字，取"学童"二字拆义。繁体字的"鲁"字当中是四点，去掉这四点，字形与"曾"字相似。"学童"属晚辈，是教师或主考官的门生、弟子。所以说"鲁学童"是"曾门弟子"。而"曾"字又可看作是古代贤人"曾子"，在这儿可理解为是曾子的门生弟子。

鲁学敬的下联取主考官之姓"史"字及"大"字各加一横，即成为"吏"字和"天"字。古代吏部的长官称为"天官"。这副对联安排精巧，对仗工整。上联是"去四点"，下联对应为"加一横"。上联低微，下联高昂，由"学童"到"弟子"，由"大人"到"天官"，拆合兼备，极尽奇巧。

lì

励

劝勉鼓励

古代的“励”字，是个左右结构的形声兼会意字。右边的“力”是形符，表示与力量有关；左边的“厉”是声符，读“lì”。两形合一，表示“自我奋发，竭尽全力使要办的事情做成功”。

古人为什么用“厉”字作声符呢？古代的“厉”字写作“厲”。外面的“厂”字，如伸出岩石的山崖，是石头所出的地方；里面的“万”字是蝎子的形状，其毒猛烈，善吞食其他物种。

“厲”字的本义指“磨刀石”，因为“厲”字在使刀斧磨利时也有吞食铁锈的意思，所以“厲”字用“万”字作声符。这样“厉”字就有厉害、勇猛的意思，而要使事情成功，就得以最厉害的手段，最勇猛之力才能达到目的，所以“励”字以“厉”字为声符并会意。楷书写作“勵”，后简化为“励”。

“励”字的本意指“劝勉、鼓励”，如励行、励志、鼓励、激励、勉励、奖励。

“励”字作书面语用，指“振奋、振作”，如励精图治、励志图强。

“励”字，也作姓氏用。

金文

小篆

勵
隶书

励
楷书

唐·颜真卿《多宝塔碑》

明·祝允明

努力努力再努力——励

俗话说，人逢喜事精神爽，这几天，上海的励老先生脸上总是喜滋滋的。为啥呢？他升级当爷爷啦。

可也有让励老爷子发愁的事。愁啥哩？愁的是给孙子起名字。在儿子结婚时，他就想好了，若有了孙子，就给孙子取名“励力”，若生个孙女儿，就起名“励莉”。可如今倒好，儿媳给他生了一对双胞胎，两个胖孙子，这下该起什么名儿为好呢？他可犯愁了。

励老爷子翻阅资料，各方求教，终于弄清了姓“励”的来历。据说，最早励姓源于姬姓，出自商王太庚给一姬姓英雄的赐姓。

在商朝时期，“励”字表示极其厉害。当年，有一位能上山擒猛虎，下海捆蛟龙（其实就是鳄鱼或大蟒蛇）的姬姓男子，因其勇力过人，被商王太庚赐姓为励氏。那时候，人们最看重的就是勇猛威武和力大无穷。这样的姓氏，是何等荣耀，直到今天，这也是个吉祥向上的字。

励老爷子觉得，自己的姓上有个“力”字，有力量、有成功、有勇力，也表示很努力。给孙子取名为“力”字，就是表示再努力。这小弟兄俩尽管来到人间前后只相差十几秒钟，但总是有先来后到呀，那总得分个老大老二啊。他想把老大叫“大力”，老二叫“小力”。对这名儿，家里人都不太满意。特别是老二叫“励小力”，难道叫他这一辈子样样出小力或一辈子都是小力气吗？

励老爷子经一夜苦苦思索，终于豁然开朗，叫道：“对，努力努力再努力。老大叫励力，老二再加个力字，叫励力力。”

就这样，励老爷子的两个大孙子，一个叫励力，另一个叫励力力。

刂
利

用镰刀收割禾谷——利

甲骨文

金 文

小 篆

利
隶 书

利
楷 书

甲骨文的“利”字是个左右结构的会意字。左边的指成熟待割的庄稼，右边指“刀斧”，在这儿指收割庄稼的镰刀之类的农具。两边组合起来，指用镰刀收割禾谷之意。甲骨文上的几粒小点儿象征割禾时掉下的碎屑。

金文的字形承接甲骨文，大致相同。小篆的字形省去碎屑并使其整齐化。隶变后的楷书写作“利”。“利”字的本义指“割禾”，即收割禾谷。“利”字由本义“割禾”，引申指“刀口锋利”，如锋利的兵器称“利器”，锋利的剑称“利剑”，还有利刃、锐利、犀利、尖利等词。

“利”字由本义引申指“顺当、方便”，如便利、利索、利落、吉利、不利、流利、麻利、胜利、失利、顺利、爽利等词。“利”字由上义引申指“使有利”，如利用，因势利导；由上义又引申指“好处、利益”，如利弊、利害、利己、利诱、暴利、地利、福利、功利、名利、牟利、权利、势利、私利、专利等词；由上义又引申指“利息、利润”，如利率、盈利、本利、红利、毛利、营利、高利、一本万利。

“利”和“犀利”

“利”字表示锋利、锐利，跟“钝”相对，也表示顺利、便利。有个词叫“犀（xī）利”。“犀利”作形容词用，表示武器、言语等锋利、锐利。说起“犀利”一词的出典，有段历史故事。

在距今两千多年的西汉汉元帝年间，有位将领名叫冯奉世，上党潞人，即今日山西潞城东北一带人。汉元帝末年，他因是良家子弟又有才能之名，被朝廷招为军官。三十岁左右，他学习《春秋》，攻读兵法，学以致用，逐渐成名，后被封高级军职，带兵去西北驱赶匈奴。他曾出使大宛，击败沙车，因军功卓著，又被封为右将军。

这年，汉元帝突然接到边境急报：陇西的羌人已侵入百余里。元帝急忙召来丞相、御史大夫及右将军冯奉世等人入朝商讨御敌大计。冯奉世愿率军出征。元帝问：“平定羌人，须率军多少？”冯奉世听说羌人入侵者多达三万，便说：“羌兵三万，我军须以一倍之数方可取胜。”

冯奉世见其他几位大臣都默不作声，又补充道：“然羌戎弓矛之兵耳，器不犀利，可用四万人，一月足以决。”

冯奉世这番话的意思是：羌人所用的武器都是弓箭长矛之类，并不犀利。这样出兵四万人，可在一个月内取胜。几位大臣听了，认为对付三万羌人，一万人马就足以赶走他们，冯奉世只好带一万人出征。

到了陇西边境，发觉羌人多达四万人，冯奉世只好向汉元帝请求增派援兵。待五万援兵抵达后，又经几番激战，才把羌兵赶出境外。此战后，冯奉世威名远扬，保边境多年安宁。

“犀利”一词，就是史书所记载，冯奉世在跟汉元帝等分析敌情时所用的一个词。“犀”，指外形像牛，四肢粗大，颈短，鼻子上有一个或两个角的大型动物。其皮粗而厚，微黑色，光亮无毛。这种哺乳动物，生活在亚洲和非洲热带丛林里，吃植物。它的角十分坚硬、锐利，因此，凡形容像犀牛角那么锐利，就称之为“犀利”。“利”，也表示锋利、锐利。所以“犀利”一词，就是形容锋利、锐利。这一词本是形容武器的，现引申意很广，目光、语言、文字都可用“犀利”来形容，如文笔犀利、目光犀利、谈锋犀利。

lì

栗

带芒刺果实的栗子树

甲骨文和金文的“栗”字是象形字，字形像带有芒刺果实的栗子树。金文将果实繁化。小篆的字形由金文演变而来。

楷书的字形由小篆演变而来，写作“栗”。

“栗”字的本义指“栗树”。栗子树属落叶乔木，叶子长圆形，花黄白色。果实为坚果，包在多刺的壳斗内，成熟时壳斗裂开而散出，果实可以吃。“栗”的种类很多，通常指“板栗”。

栗子树的果实称“栗子”，也称“板栗”，“火中取栗”比喻被人利用吃了苦头，自己没捞到好处。

把手指弯曲起来打人头顶，叫“凿栗暴或打栗暴”。在南方方言中，将此举称为“吃毛栗子”，特别是儿童被家长这样打头顶的时候都称“吃毛栗子”。

“栗”字由本义假借指“寒冷”，十分寒冷称“凛栗”。

“栗”字由“寒冷”引申指“发抖、哆嗦”，如战栗、颤栗、不寒而栗。

甲骨文

金文

小篆

栗
隶书

栗
楷书

山童采栗——“劈栗扑篚”

“栗”字是个名词，指栗子树。这是一种落叶乔木，果实为坚果，包在多刺的壳斗里，成熟时壳斗裂开而散出，果实可以吃。栗的种类很多，通常指板栗。这里讲个跟“栗”字相关的对联故事。

江苏江阴南闸，是我国大旅行家徐霞客的故乡。他有两位后人，一位名叫徐玉立，一位名叫徐阿华，这两位是堂兄弟，分别在青阳和南闸开南北货店。他俩与祖先一样，喜欢外出旅游，两人结伴走南闯北，采购货物和旅游一举两得。他俩注重人文景观、民俗风情，喜收集民歌童谣，其他就顾不到了。

这年板栗上市时，他俩雇了条小船，往无锡、宜兴方向摇去，到山里收购板栗。船停在无锡码头时，卖菱角的老汉说，若将两大筐菱角全买下，可便宜不少。两人一口答应。卖菱角的老汉将两大筐菱角倒进船舱里，发出“倾菱空笼”的响声。买好菱角，两人当晚赶到宜兴。第二天一早，便离船登山，去采购板栗。山里人家，大多由孩子爬上树，摇动树枝，将板栗抖落下来。装在竹子编的箱子里，发出“劈栗扑篚”的响声。竹箱装满后，扛到山下的小船上。两样货物装上船，弟兄俩借着顺风，扯起小帆，向南闸驰去。两人坐在船上无事，便吟诗作对取乐。徐玉立想到卖菱老汉将菱倒进船舱时的响声，不由想到一上联：

野老卖菱将筐倒——倾菱空笼。

阿华听罢，马上想到山童采栗时向竹箱里丢栗子的声音，吟出下联：

山童采栗用箱盛——劈栗扑篚。

从对联种类上讲，这副对联属“歇后联”，与歇后语相似。这副“歇后联”后半部分“劈栗扑篚”和“倾菱空笼”，既有十分具体形象的动态描绘又有十分毕肖的声音，两个四音节的象声词十分逼真，还嵌入“栗”字和“菱”字，同时又有南方方言口音，听来更加亲切，实在是副不可多得的绝妙好联。

lì

笠

头戴斗笠

小篆的“笠”字是个上下结构的形声字兼会意字。上面的竹字头作形符，表示跟竹类有关；下面的“立”字读“lì”，作声符并会意。

竹字头与“立”字组合，表示站立或行走的人，头上戴着竹篾制作的斗笠。斗笠是由竹篾编织而成的，所以古人用竹字头作“笠”字的形符。

古人为什么用“立”字作“笠”字的声符呢？有人猜测，人戴斗笠，是为了防雨防晒。一般居住在屋内是用不着戴斗笠的，只有外出行走或在田地劳作时才戴斗笠，此时大都是站立着的，故古人用“立”字作“笠”字的声符并会意。

楷书的“笠”字是由小篆演变而来，写作“笠”。

也有学者认为，古代“笠”字是个象形字，字形就像一个人站立在露天下。他头上戴的用竹篾编制的帽子称“斗笠”。“笠”音通“立”，指雨中挺立。头戴斗笠，可遮避雨雪，身披蓑衣，可在风雨中捕鱼耕作，站立行走，不受影响，所以“笠”字与“立”字同音通意。

“笠”字的本义指“用竹篾或草编制的帽子”，这种帽子可以遮雨挡阳光，称斗笠、竹笠、草笠。

“笠”字由本义引申指“用竹篾编的覆盖物”，如笠盖、笠覆。

笠 小篆

笠 隶书

笠 楷书

戴“笠”与水

戴笠，原名戴春风，1897年生，浙江省江山县人。1926年报考黄埔军校第六期，因深得蒋介石信任，曾担任国民党军统局局长，号称“蒋介石佩剑”“中国的盖世太保”“中国最神秘的人”。

对“这个中国最神秘的人”，我们不作评价，也不过多介绍，在此只想就他的名字，谈点史料和传闻，说点神秘的奇巧事儿。

戴笠曾改过四个名字。他原名戴春风，后改为戴征兰，又改为戴芝兰，后来又改为戴笠。

戴笠为什么以“笠”字为自己的名字，且一直以此名立世？

据说，1926年前后，戴春风名字虽是春风得意，但生活并不如意。年过三十的他四处碰壁，后来决定去报考黄埔军校。他到了广州，身上带的钱已所剩无几，连吃饭住宿都困难。一日天下大雨，戴春风在屋檐下躲雨，这时有一人路过，随手送他一个斗笠，并帮他付了旅馆费，还请他吃了顿饭。此人就是后来军统高层徐亮。为纪念这段友情，他改名“戴笠”。

但还有另外的传说。戴笠年轻时，生活一直贫困潦倒。他请当地人称“神算子”的算命先生看相，又依他的生辰八字做了番推理，说他“八字属双凤朝阳路，但因缺水，故早年命运蹉跎，难登仕途。”戴春风听了此话，如春风化雨，茅塞顿开，立即要为自己改个多水的名字。江湖河流、汪洋瀚海、浩浩荡荡这些多水的字，已不满足他强烈的希望水多的愿望了，他冥思苦想，其间不乏高人指点，最后取名为戴笠，字为“雨农”。他本姓戴，头戴竹篾编织的斗笠，意为雨中戴笠的农夫，这个名与字，不仅形象生动而且寓意深刻，内容丰富。试想，头戴斗笠，大雨倾盆，可见水是多么充沛啊。

真是机缘巧合，改名后的戴笠，官运亨通，青云直上，当上了国民党军统局局长。为了保密，他常用的化名也多水，如汪涛、涂清波、沈沛霖等。他手下一位小秘书建议他改名为“洪淼”，颇有洪水滔滔的意味。戴笠闻之，大喜，奖了这小秘书一把德制小手枪。

说来无巧不成书，1946年3月戴笠所乘的专机，因时值大雨，无法降落，坠毁于南京西郊的岱山，也可以说，戴笠之死，也与“水”有关。

古代妇女梳妆盒——奁

lián
奁

小篆

奁
隶书

奁
楷书

小篆的“奁”字是个上下结构的形声字兼会意字。上面是“竹字头”作形符，表示跟竹子有关；下面是个“斂”字，这个字读“liǎn”，作声符，指收起、收拾之义，如今简化为“敛”。

这“敛”字与“竹”字组合，指古代妇女盛梳妆用品的竹器，所以用“竹”字作形符。妇女在梳妆时，要不停地使用梳子等物，有收拾整理之义，所以古人用“敛”字作声符并会意。

这竹器如同今日女士放在梳妆台上装梳子、发卡、口红之类用品的盒子。当时有个俗体字“奩”，表示盛东西的器物，隶变后的楷书写作“奩”，后简化为“奁”，其本义指“妇女盛梳妆品的器具”。

有人认为，古人后来改为以“大”和“區”来表示妇女用的盛梳妆品的器具是有其用意的。上面的“大”字像“人”，指正在对着铜镜梳妆打扮的妇女。而“區”字像侧面竖起的盒子，里面的“品”字则表示盒子里的梳妆用品。此说很有道理，否则字形不会有如此大的变化。

“奁”字指古代妇女梳妆用的镜匣，常用的词是“镜奁”。因奁内盖子背面常配有镜子，打开盒盖后即可当镜子用。

“镜奁”也称“妆奁”，或称“梳妆奁”。

“奁”字由本义引申指“嫁妆”。因梳妆用品是女子必用之物，女子出嫁时，父母将此当作陪嫁让女儿随身带往男方家，故称“妆奁”。

“奁”字测官运

清朝道光年间，江苏太仓有个人叫陆增祥，此人少年时代便精通六书，对古汉字研究颇多，他的才学，在江南一带，颇有名气。

陆增祥经过数十年苦读，在道光三十年的殿试中一举夺魁，成为清朝开国以来第九十名状元。

考中状元后，陆增祥按惯例入翰林院为修撰，掌修国史。从此，他踏上了风云变幻的政治舞台，开始了他的仕官生涯。后来太平军占领南京，正式建立太平天国。当时正在家为母服丧的陆增祥奉召督办团练，率兵击退太平军的进攻，收复嘉定。后来他出任广西、湖南、贵州等地的道台。他当了四年道台，就因病辞职，回归田园，专心研究他所喜爱的金石学和古文字学了。他共写了数十卷学术著作，其中最有价值的是《古今字表》，可惜还没完成便病逝了，享年67岁。

可就这么个古文学巨匠，却被一个不常用的“奁（奩）”字笼罩住，没有逃脱它的魔咒。就在陆增祥准备赴京参加科考前，一天，他正在书房读书，父亲引来一位道骨仙风的白胡子老头，他手执一测字布旗，要为陆增祥测个字，问问前程。测什么字呢？若刻意去寻找，反而会先入为主，不太灵验。越是随意，越有真意，越能看出测字先生的水准。正巧，有个丫鬟捧着镜奁走过，父亲便指指镜奁说：“老先生，就为犬子测这个‘奁’字吧。”

测字先生提笔写了个“奁”字说：“这上头的‘大’字可拆解为‘一’与‘人’，所以这次会试，公子将是第一人，必定夺魁，当是状元。”父亲听了，呵呵一笑，没有当真，说：“谢谢老先生吉言。下面的‘区’字作何解释呢？”

测字先生直言道：“恕老朽冒犯，贵公子高中榜首，但亏在这区区小事的‘区’字上。”父亲追问道：“此话怎讲？”测字先生又写了个“区”字说道：“这‘区（區）’字有三条边和一个‘品’字，所以贵公子将来功劳再大，官不过三品。”

测字先生一语成谶，陆增祥只做到三品官，便称病回家著书立说了。

人拉车——连

lián

连

金文

小篆

隶书

楷书

小篆的“连”字是个左下包围结构的会意字。“连”字左下方的“走之旁”指“辵”，这个字读“chuò”，表示“在大街上行走”，也泛指“走路”，作偏旁时写作“走之旁”；“连”字的右上方是“车”字；“车”字与“走之旁”组合，指“人拉车”。楷书的字形由小篆演变而来，写作“連”，现简化为“连”。

人拉车必定要行走，车上所装物品或所载的人必定要与其他人有所交往，这样就引申指“交接、不停止之义”，如连接贯通称“连贯”，也称“贯连”；互相接起来称“连接”；一个跟着一个称“接连”；连接不断称“连连”；还有连年、连任、连日、连声、连续、连绵、连载、连株、连串、连篇等词。

“连”字又引申指“包括在内的”，如相互关连称“连带”，相互牵扯在内称“牵连”。还有连同、连坐、连根拔、连锅端、株连九族等词。

“连”字假借指军队编制单位，排以上，营以下的一级为连。如连队、连长、第八连。“连”字又假借指“表示强调”，如“气得连哑巴都骂人了”。

“莲叶托桃”和“连夜脱逃”

“连”字是个动词，表示连接，如心连心；“连”字也作副词用，表示接续、连续，如“一件事没做完，连夜加班加点地做完”。

说到“连夜”一词，民间流传一则谐音故事。

清朝末年，咸丰皇帝死后，慈禧太后垂帘听政，统治中国长达四十七年。1900年前后，义和团运动发展到北京天津地区，慈禧太后为保住自己的统治地位，一度想利用义和团对外宣战。八国联军攻入北京后，她又下令残杀义和团人员以图媚外。她是清末统治阶级投靠帝国主义的代表人物，1908年病死。慈禧太后数十年的倒行逆施、卖国求荣为中国人民所痛恨。

1900年7月，当八国联军杀向北京时，慈禧太后装扮成农村老妇，连夜在一帮太监和大臣护卫下向山西太原方向逃去。几天后，在保定城找了个地方住下来。当地一位老石匠得知此事，当即挑选了一块大理石，日夜赶工，精心雕塑了一幅莲叶上托着一颗桃子的工艺品，取名“莲叶托桃”，放在保定城名胜“古莲花池”进门处最显眼的地方，供游人欣赏。其实是专等慈禧来让她看的。

慈禧在保定住了几天，一边派人打探北京消息，一边在保定游山玩水。这天她在前呼后拥下来到古莲花池游览。一见门口放着的大理石石雕“莲叶托桃”，顿时脸色大变，扭头便走，但她又不便发作。因为她已看出，这新雕的“莲叶托桃”，含有讽刺她“连夜脱逃”的意思。她不愿意点破，也是为自己留点面子，因而也不便追查何人所为了。

这个故事是真是假，已无人考证，但这个故事能流传至今，为人们所津津乐道，也反映了百姓们对慈禧的鄙视和痛恨。

荷花结的果实——莲子

liái

莲

“莲”字是个上下结构的形声字兼会意字。上面的草字头作形符，表示跟花草有关；下面的“连”字作声符，读“lián”，兼表意；这两个字形组合在一起，指“荷花所结的果实莲子”。“莲”属草本植物，所以“莲”字用草字头作形符。

古人之所以用“连”字作“莲”字的声符，是因为“连”字有“连接”“相接”的意思，也有“聚合”“连续”的意思。而莲子一粒又一粒共聚于莲蓬之中，所以“莲”字用“连”字作声符并会意。

“莲”字的本义指“莲子”，也指“荷”和“荷花”，也称“芙蓉”，这是一种多年生草本植物，生长在浅水中，地下的茎叫“藕”，种子叫“莲子”，均可食用。花叫莲花或荷花，可供观赏。

“莲蓬”指莲花开过后的花托，倒圆锥形，里面有莲子。“莲子”是莲的种子，椭圆形，肉呈乳白色，可吃也可入药。

莲的品种很多，有榴莲、马莲、木莲、睡莲、雪莲等。

旧时代缠足妇女的脚称“三寸金莲”。

蓮

小篆

蓮

隶书

莲

楷书

莲子心中苦

汉字的谐音，会使人误读、误解，造成误会，带来不便，有时还会造成伤害。汉字的谐音又产生避讳，给语言文字的发展增添了麻烦。同时，汉字的谐音，也给文学创作带来新的创作手法，人们利用谐音，制造笑料，产生联想。在一些诗词歌赋或对联中，在曲艺作品中，这些谐音字的使用，又会产生意想不到的艺术效果，使人们获得艺术享受。

腰斩《水浒》的金圣叹，是明末清初文学批评家。他是江苏吴江人。他虽有才华，但考试却屡试不中。他一生没做过官，却对《离骚》《庄子》《史记》《水浒》《三国演义》这些经典著作做出过精辟的点评，对后世的小说创作和文学批评欣赏，有着很大影响。顺治十八年，他因参与“抗粮哭庙案”，被朝廷所杀。这段故事，讲的就是金圣叹被押赴刑场，即将问斩时的事。

却说金圣叹到了刑场，坐在地上。按规矩，家人可来送行，见上最后一面。他儿子痛哭流涕，跪在父亲面前。金圣叹也是老泪纵横，对着儿子凝视良久，吟出一副对联：

梨儿腹中酸，
莲子心里苦。

这副对联，读来十分凄惨，让人愿洒一掬同情之泪。父子俩即将阴阳两地，永远分离。金圣叹借“梨”“离”谐音，说出了生离死别的心酸。而梨的特点除甜之外，也有酸味，所以有“酸梨劣枣”之说。“腹中”，指内心深处。

下联以“莲”与“连”“联”谐音，指父子俩心心相连，也可理解为连累儿子，心里有说不出的痛苦。莲子在食用时，有苦味，用在这儿指苦涩（sè）、苦衷、苦痛。这副对联，把几组字的谐音关系利用到了极至，达到了令人震撼的艺术效果。

堂屋狭窄的两侧——廉

lián

廉

小篆

廉

隶书

廉

楷书

小篆的“廉”字，是个左上包围结构的形声字兼会意字。左上方的“广”字作形符，表示跟宽敞的房屋有关。在甲骨文中，“广”字是个象形字，就像山崖下有屋形，本义指“就着山崖建的宽敞屋”。

“廉”字右下方的“兼”字读“jiān”，作声符并会意。“广”字与“兼”字组合，指“堂屋狭窄的两侧”。因是指“堂屋狭窄的两侧”，这跟房屋有关，所以古人用“广”字作“廉”字的形符。

古人为什么用“兼”字作“廉”字的声符呢？

金文和小篆的“兼”字是会意字，字形像两手持稻禾，表示“合并”之意。本义指“并有”，后引申指“并吞”和“合并”。因“兼”字有“合二为一”之义，而堂屋狭窄的两侧与堂屋仍然是一个整体的，所以古人用“兼”字作“廉”字的声符并会意。

楷书的字形由小篆演变而来，写作“廉”。

“廉”字的本义指“堂屋狭窄的两侧”。

廉字由本义引申指“正直、不贪婪”，如不贪污，不损公肥私称“廉洁”；廉洁的操守和耻辱的感觉称“廉耻”；廉洁正直称“廉正”，也称“廉直”；使政治廉洁称“廉政”；清白廉洁称“清廉”；没有操守，不知道廉耻称“寡廉鲜耻”，这里的“寡”和“鲜”指“少”或指“没有”。

“廉”字假借指“少、低、价格便宜”，如价钱比一般低称“价廉”，也称“低廉”；“物美价廉”指货色很好，价格又便宜。

在厂"廉"职多了一点

无锡南门外有家篷帆厂，这是家用帆布制造帐篷、船篷之类设备的小厂。有员工三百来人，本是民政部门为解决生活困难群体而办的工厂。时任科长的廉世洁勇挑重担，从建厂房、安装设备做起，硬是一砖一瓦，一手一脚，一滴滴汗水，把一个不起眼的小厂，办得风生水起，成了个盈利户，使不少贫困户成了万元户。因错过了提拔的机会，他只能当一辈子廉厂长了。篷帆厂从无到有，他的助手罗德金也功不可没。小罗进厂虽迟，腿脚不便，但他心灵手巧，会裁剪服装，又熟悉钳工活儿，这些都跟制作篷帆有关。廉厂长认为这是个好苗子，不久就提拔他当了副厂长，成为自己的得力助手。

世间事，不可能事事如意的，就像篷帆厂，也不可能一帆风顺的。也不知谁嚼舌头，说了些不利于团结的话，弄得廉厂长跟小罗发生矛盾，两人一度闹得互不搭理，难以共事。

篷帆厂有位老职工名叫金阿喜，是无锡梁溪谜语研究会铁杆会员。他是个爱厂如家，热情爽朗，幽默风趣的人。经他两边撮合，找到误会根源，终于解开老廉和小罗两人的心结，尽弃前嫌，重归于好，同心协力，将篷帆厂办得越来越红火。不久，厂门口布告栏里贴出一张告示，金阿喜出了一个字谜，让大家猜，还许诺，谁第一个猜出来，奖励红酒一瓶。字谜谜面是：捐弃前嫌，广为团结。

金阿喜自以为无人猜得出，没料到，他前脚刚回车间，后脚就有人跟进来向他讨红酒，说："谜底不就是我们廉厂长的廉字么？"金阿喜又惊又喜，连声说："对！对！红酒还没买。中午食堂吃饭肯定给！"

又是几年过去，廉厂长年老退休了，小罗当了厂长。也不知小罗他们是出于对廉厂长的尊重还是照顾，他已退休了，还给他留了间办公室，还聘他为顾问、技术工程师、退休办主任……

这样，有些职工就嘀咕：不知廉厂长拿不拿补贴？他还姓廉不姓廉？金阿喜是个有心人，他又制作了个字谜，贴在布告栏里。谜面是：在厂兼职多了一点。

不知读者诸君，能否猜出这是个什么字？

人的整个面部——脸

“脸”字是个左右结构的形声字。右边的“佥”是它的声旁，读“qiān”；左边的“月”在古代是肉的意思，是它的形旁。

古代表示人的整个面部称“面”。“脸”字在魏晋时期才出现，只表示两颊的上部。到了唐宋时期，口语中才用“脸”表示整个面部，所以“脸”的本义是指“两颊的上部”。现代汉语中，“脸”通常是指人头的前部，包括下巴、嘴、鼻、颊、眼，还包括前额。

脸色、脸上的表情也称为“脸”，如哭丧着脸、绷着脸。

“脸”在它的本义上引申为情面、面子的意思，如没脸见人、赏脸、丢尽了脸。

小篆

臉

隶书

脸

楷书

[瓦当欣赏]

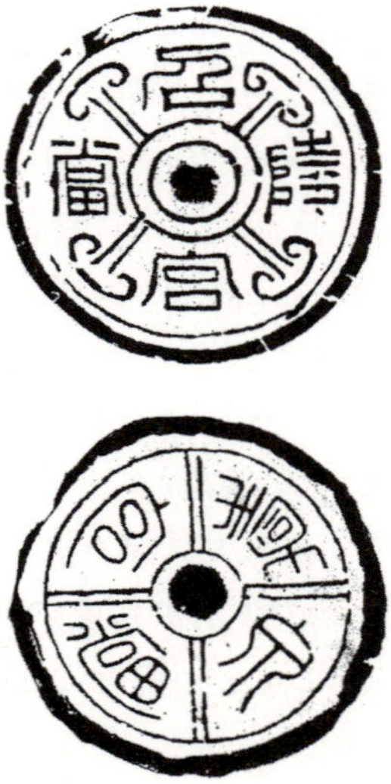

秦汉瓦当

有头有“脸”勿冒险

“脸”字是月肉旁，表示脸部，读“佥”声。

“险”字是由“阝”和“佥”组成的形声字。“佥”是读音，左边的“阝”俗称左耳旁，是形符，这“阝”旁像山崖边登山的石磴。“阝”与“佥”组合，就表示崇山叠岭，地势险恶，不易通过，所以“险”的本义就是地势险恶、不易通过的地方，如“天险”“危险”。

“脸”与“险”字形相似，意义不同，写错了会闹笑话。

南京有个小岛名叫江心洲。小岛离城很近，乘渡船过了夹江便到了。每逢节假日，到岛上游玩的人特别多。

岛上的杨老大，种了几亩西瓜，每到收获季节，来买的人不少，但也被人偷了不少。为减少损失，杨老大在瓜地四周砌了砖墙，又养了条大狼狗，日夜巡逻。他还制作了一块大牌子，写了一行字，警告小偷，切莫私自进园。他文化不高，牌子是这样写的：“内有狼犬，进来有脸。”他把“险”字写成“脸”字了。

这天，省书画院几位老画家到岛上写生，路过瓜园，看到这块牌子，不由哑然失笑。

几位老画家，沿着围墙，走到大门口，见大门紧闭，便大声叫道：“老板，开门呐，我们是有头有脸的人哪！”

杨老大一听，牵着狼狗赶过来，打开门，把几位老画家让进客厅，端出葡萄瓜果，热情招待。

有位老画家说：“不能白吃你的。”说罢，拿出随身带着的笔墨，画了一串葡萄和一只大西瓜，又写了一首打油诗：“有头有脸，切莫冒险。买瓜花钱，吃了心甜。”杨老大将字画裱好挂在大门上，引来众多游客欣赏，来买水果的人增加了不少。

liáng

良

甲骨文

金文

小篆

隶书

楷书

干粮袋——良

甲骨文和小篆的“良”字是个象形字，其形状就像一个两头束起来的干粮袋。这种干粮袋就代表粮食的“粮”，也就是说，“良”是“粮”的本字。后来“良”字用在别的地方，就在旁边加了个“米”字旁，专门表示粮食，所以说，“良”的本义是指“粮、干粮”。

民以食为天，有粮食才能生存，有粮食就好，所以“良”表示好、良好，如优良、消化不良。

也有人认为，古代的“良”字是个象形字，其形状像高脚杯中装着美味的食物，正散发出一阵阵香味，其本义指“好”。这一说法与前一种说法是一致的。

“良”，表示善良、善良的人，如良心。“良”，表示精良。“良”，也表示很，如良久、良多、用心良苦、获益良多。

南朝·宋《爨龙颜碑》

唐·虞世南《孔子庙堂碑》

明·董其昌

《隶辨》

张学“良”判“张学狼”死刑

“良”字的本义是指“干粮”，后转义为“优良、善良”。在形声字中，“良”字作声旁，组成许多字。“良”字加“女”旁是“娘”，加“氵”旁是“浪”，加“⻊”旁是“踉”，加“米”旁是“粮”，加“犭”旁是“狼”。这里讲一个“良”变“狼”的故事。

1930年春，东北一个小县城里，大雪纷飞，家家都在忙过年，人来人往，街上很是热闹。

忽然，从南门来了一队人马，为首的身穿皮大衣，足蹬长筒马靴，骑着高头大马，直奔县政府而来。

来者何人，这等威风？原来是少帅张学良，他刚从欧洲考察回来，正到各县视察，了解社会治安情况。

到了县政府，县长恭恭敬敬地递上一份公文，请张学良批复。

张学良一看，不由皱起了眉头。原来，这份公文上写的是当地一惯匪被捉拿归案，判处死刑，请张学良签字，准予执行。

本来，这件事很简单，张少帅只要将红笔一勾，签上“张学良”三字即可。没料想，这惯匪的名字也叫“张学良”，与张少帅的名字一模一样。怎么办？难道张学良签字判处张学良死刑？

张少帅不愧是个机灵聪明的人。他抓起笔，在惯匪“张学良”的“良”字旁加了个反犬旁，成了“张学狼”，然后红笔一勾，再签上自己的大名，就这样，惯匪“张学狼”就被押向刑场，执行死刑。

高处的水温度低——凉

liáng

凉

凉
小篆

凉
隶书

凉
楷书

小篆的“凉”字写作“凉”，是个左右结构的形声字兼会意字。左边的三点水表示跟水有关。小篆的“凉”字右边是“京”字，读“jīng”，作声符并会意。

“京”字与“水”字组合，指高处的水温度低，不热。因是指高处的水，这跟水有关，所以古人用“水”字作“凉”字的形符。

古人为什么用“京”字作“凉”字的声符呢？

甲骨文的“京”字是个象形字，字形像堆土筑高丘，在高丘上再造亭子和房屋，也可能是筑高台建瞭望哨。“京”字的本义指“人工筑成的高丘”。越往高处，气温就会越低，故有“高山雪水”“高处不胜寒”之说。“京”是指建在高台上的宫室，有高处之义，所以古人用“京”字作“凉”字的声符，以突出高处温度低之义。

楷书的字形由小篆演变而来，但将“三点水”改为表示冰冻的两点，写作“凉”，这样就更突出了“凉”意。其实，这就是当时的一种俗体字。

“凉”字的本义指“不热，温度低”，如凉快、凉风、凉气、凉爽、凉台、凉鞋、冰凉、乘凉、纳凉、秋凉、荫凉、凉丝丝、凉飕飕等词语。“凉”字由本义引申指“感受风寒”，如受凉、着凉。“凉”字假借指“灰心、失望”，如悲凉、凄凉、苍凉、荒凉、世态炎凉、心都凉了。“凉”字是个多音字，读作“liàng”时，由本义引申指“把热的东西放一会儿，使温度降低”，如茶太烫，凉一会儿再喝。

翦翦轻风阵阵凉

说到诗词歌赋的故事，总要提到苏东坡和佛印和尚这两搭档。苏东坡为官一世，受朝廷诸多权贵排挤，一直放任在外，颠沛流离，居无定所，四海为家。据说苏东坡在杭州任职时，带领百姓疏浚河道，整治西湖。这年春夏，他偶染风寒，不得不卧床休息。佛印和尚听说老友卧病在床，连忙赶来探望。见他并无大碍，这才放心，便在床前边喝茶边闲聊。因屋内闷热，苏东坡便递把扇子给佛印和尚，问道："大和尚近日可有大作？"佛印边摇扇边答道："大作小作等你先作啊。"

苏东坡喝了口茶，说："以茶代酒，行个酒令如何？"说罢拍拍床沿，吟道：

我有一张床，
送予张子房。
张子房不要，
为么不要？
春色恼人眠不得。

张子房即西汉大臣张良。他为刘邦创建汉朝立下汗马功劳。这儿的良、床、房三字押韵。"春色恼人眠不得"是王安石《春夜》中的一句。苏东坡借这句诗表白自己仍为整治西湖而操心。

佛印和尚听了，摇着手中的扇子，接令道：

我有一把扇，
送予曹子建。
曹子建不要，
为么不要？
翦翦（jiǎn）轻风阵阵凉。

曹子建即曹操的儿子曹植。"建"与"扇"和"翦"押韵。"翦"字有挥动的意思。佛印和尚借摇动扇子，引来阵阵凉风，劝苏东坡安心养病，莫要再为西湖操心。两人一唱一和，表达了相互间的手足之情。

liáng

梁

金文

小篆

梁
隶书

梁
楷书

木头架在水上成桥梁

“梁”字是个会意字兼形声字。左上方的“水”表示河流，下边的“木”表示材料。把木头架在水上，表示通过木头这个工具可以走过有水的地方，所以“梁”的本义是“桥梁”。

若说是形声字，可把“木”与三点水看作是表义，说明这个字与“水”和“木”有关。右上角的“刅”字是读音，其本义也是指“桥梁”。

现在的“梁”也有桥的意思，但随着社会的不断发展，“梁”的意义有所扩大，我们把造房子时屋顶上承受压力的横木或水泥柱也称作“梁”，如木梁、房梁、屋梁、横梁。“梁上君子”就是指躲在房梁上的小偷。

由于“梁”能起到支撑物体重量的作用，我们就把肩负重任的优秀人才称为“栋梁之才”。

根据“梁”的形状，我们也可以把物体中间隆起的呈长条状的东西称为“梁”，如人的背部有“脊梁”，面部有“鼻梁”，山的顶部为“山梁”。

“梁”，是古代朝代的名称。

“梁”，也作姓氏用。

宋·米芾《三希堂法帖》

《隶辨》

小神童妙对梁知县

唐朝开元年间，封川（也就是今天广东封开）城里有个小神童，名叫莫宣卿。这孩子七岁时就能吟诗作赋，十七岁时就成为两广的第一个状元，人称“岭南第一大才子”。

这一年，有个名叫梁朝云的知县，到封川任职。上任后，他听说当地有个大名鼎鼎的小神童，才思敏捷，学问渊博。他有点儿不信，想看看他究竟有多神。

梁知县亲自到莫家拜访。莫家守门的家人见梁知县到了，大声喊：“梁大人到。”莫宣卿听了忙出门迎接。

梁知县在客厅坐下后，便问他：“你就是大名鼎鼎的莫公子吗？”

莫宣卿恭恭敬敬地答道：“是，大人，在下便是。”

梁知县一见是个毛孩子，心中不悦，吟出一副上联，责备他：“廿日小孩岂称大？”这里将“莫”字拆为“廿”“日”“大”三个字，连缀成句。

莫宣卿一听，知道梁知县在责备他，他心中不服，随口答道：“三两木头不成官。”在这儿，他把“梁”字拆为“三”“刅”（旧时常把“两”字写成“刅”）和“木”字，组成下联，以此回敬梁知县。

梁知县听罢，略一品味，觉得这孩子果然不同一般，他竖起大拇指夸道：“莫宣卿，果然是大名鼎鼎的小神童！”

旅行路上吃的干粮

liáng

粮

古代的“粮”字写作“糧”，这是个左右结构的形声字兼会意字。左边的“米”字是形符，表示跟粮食稻米有关，右边的“量”字是声符，读“liáng”。这两个字形组合在一起，指“旅行路上或行军打仗路上吃的干粮”。因为吃的是米，所以“糧”字用“米”字作形符。

古人为什么用“量”字作“糧”字的声符呢？

古代的“量”字，是升、斗等称谷物之类量器的总称，有规定限度的意思。旅行者或行军者，所带的干粮都有一定的限额，多了增加重量，少了不够吃，带的分量以够吃为准，所以“糧”字以“量”字作声符并会意。

隶变后楷书的字形写作“糧”，异体字为“粮”。现用异体字“粮”为正体。

“粮”字的本义指“干粮”，由本义引申指“粮食、谷类”，如军用的粮食和草料称“粮草”；供食用的谷类、豆类或薯类称“粮食”；储存粮食的仓库或比喻盛产粮食的地方为“粮仓”；粮食严重缺乏的现象称“粮荒”。粮饷、粮秣、军粮、口粮、粗粮、细粮、夏粮等都指“粮食”。

“粮”字由“粮食”引申指“作为农业税上交的粮食”，如：公粮、钱粮、征粮。不过，这一税种已经取消了，以上这些词汇已成了历史。

“粮”字也作姓氏用。

金文

小篆

糧

隶书

粮

楷书

吹糠见米现新粮

民国年间，苏州城里有位名士叫陈文林，此人善书画，诗词也写得不错。他的夫人陈佳龄既是美女，也是才女。这对夫妻被人称为郎才女貌神仙眷侣。姑苏城里，人们提到这两位，都交口称赞，难掩羡慕之情。

俗话说，“男人三十一枝花，女人三十老人家”。陈文林到了不惑之年，仍年富力强，精力旺盛，事业如日中天。夫人呢？虽有美名，但岁月不饶人，毕竟年老色衰，略显老态了。

陈文林有才貌又有钱，不久，他有了红颜知己，萌生了纳妾的念头。为了不使妻子感到太突然，他写了一个上联，放在床头柜上，表达自己的心愿。这上联是：

荷败莲残，落叶归根成老藕。

陈文林写罢，借口去上海卖画，暂避几天。

陈佳龄看了，明白了丈夫的心思。他已有抛弃年老配偶之意。但她不愠不火，不吵不闹，不声不响，提笔续写了下联：

禾黄稻熟，吹糠见米现新粮。

陈佳龄写罢，留下字条，回娘家去了。

陈文林从上海回来，看到妻子的下联，十分敬佩，也颇为惭愧。妻子在下联中，以“稻禾”对上联的“荷莲”，以“新粮”对“老藕”，不仅对仗工整，比喻十分贴切，而且形象生动，通俗新颖，尤其是用“吹糠见米”来揭示他已有弃糟糠之妻之念，又借“新粮”与“新娘”谐音，表达了自己心中的哀怨。陈文林思前想后，有这样才华横溢又十分贤惠的妻子，自己还希望得到什么呢？想罢，他立即赶往丈母娘家，去接妻子，向她赔罪了。

liáng

量

甲骨文

金文

小篆

量
隶书

量
楷书

称物体轻重——量

小篆的“量”字是个上下结构的会意字。它的上面是个“曰”字，读“yuē”，不读“rì”，与“日”字音不同，意也不同，俗称扁日字。古文字的“曰”，是“口”字，中间一横表示说话时从口中呼出来的气，本义是说话的意思，在古典小说中常有某某人“曰”，就是说的意思。在“量”字中，这个“曰”字像个盛米的方形斗，且斗中有米，下面是“重”字的省略字形。“曰”与“重”连在一起，表示称米的重量，因此，“量”的本义就是“称物体的轻重”。

也有人认为，“量”字是个会意字，由“日”和“重”的省略字形组合。在这儿，“日”表示有太阳，光明正大，特指很明白。“日”“重”在一起，意为明白物体的重量，本义为“尺、秤、斗、升之类的量器”。这与上一种说法大同小异。

“称物体的轻重”，又引申为“测定物体的长短、大小、多少、高低”，如量地、量体温、量尺寸。

“量”，既有丈量和称重量的意思，也就有了估计、估量的意思，如：衡量。

“量”字除了读作“liáng”之外，还读作“liàng”，如表示数量、产量、质量。

一日一里就是“量”

有位老木匠，带了个徒弟，可这徒弟不好好学手艺，学了一半，就自以为是，丢下师傅，独自出去揽活挣钱了。

这徒弟手艺太差，到人家干活，不是把门框做歪了，就是把柜子做斜了，浪费了人家木料，还耽搁了人家时间，所以没干两天，就被雇主赶了出来。

这徒弟只好垂头丧气回到师傅身边。师傅没有责怪他，笑呵呵地说：“知道木匠活什么最重要吗？就是量尺寸，尺寸量不好，什么都做不成。”

徒弟仍是不以为然，脖子一梗：“量尺寸谁不会！”

师傅听了，皱着眉头说：“孩子，你有多大的能耐我还不知道吗？‘量’字拆开是‘一日一里’，这是说要实实在在地一日行一里。要想走得更远，就必须脚踏实地量好每个点每个面，不能有一丝马虎。其实，做人也是这个道理，自己都量不准自己，永远都学不到真本事啊！”

徒弟听了，似乎有所醒悟，轻轻地点了点头，认真地跟着师傅干活了。

不自量力

liǎng

两

金文

小篆

兩
隶书

两
楷书

二钱相并为一两

金文的“两”字是个会意字。上面一横表示“一”。下面的字形是两个并列的钱币，表示一钱为十二铢，二钱为二十四铢，即一两。隶变后的楷书写作“兩”，如今简化为“两”。

这里说的“铢”字读“zhū”，铢是古代重量单位，如前所述，“二十四铢为一两”。

“两”字的本义指“数词，也就是数目字——二”，如两鬓、两侧、两地、两端、两极、两肋、两岸、两手、两头、两厢情愿、两性、两面三刀、两袖清风。

“两”字由本义引申指“双方”，如两便、两利、两免、两清、两全、两者、两败俱伤、势不两立。

“两”字又引申指“不确定的数目”，如两可、两难、两下子、进退两难。

“两”字作重量单位，如一两等于50克，一斤合十两。旧时一斤为十六两，故半斤为八两。

两人共同支撑一个家——两

民国年间，南京夫子庙文德桥头摆测字摊的胡铁嘴，喜欢跟各式人倾心交谈，每日有听不完的故事。他广结善缘，凡事往好里说，给人宽心、信心。凡争斗分离之事，他都抱着劝和不拆散的原则，化解冤仇，清除隔阂，和谐相处。

大石坝街茶叶店老板徐文才，是胡铁嘴好友。这人长得高大英俊，一表人才，平时交友广众，也难免跟异性交往。徐夫人是个烈性女子，见风就是雨。她听得此事，气不打一处来，就找胡大爷倾诉，口口声声说这家要散了，她两口子要离了。胡铁嘴说："我胡大爷测字，你相信吗？"

徐夫人说："别人信，我能不信？你就给我测个'两口子'的'两'字，看两个人会不会变一个人？"徐夫人是大户人家出身，读过几年书，识得一些字。胡铁嘴提笔写了个大大的"两"字说："你看这'两'字，上面是'一'字，当中是个'门'字，而且这门是开着的。门内两个'人'字。俗话说，不是一家人，不进一家门，进了一家门，就是一家人。"

徐夫人皱着眉头说："被你绕晕了，两个人进门怎就是一家人了？"胡铁嘴指指两字当中说："这'门'字扁方形，看起来又像'口'字。这'口'字下面没一横，是个'开口'的'口'。口里两个人，两人开口，所以世人把夫妻称为'两口子'。若是缺了一个人，这'两'字便成了'丙'字。甲乙丙丁属第三等且不说，'丙'与'病'同音，'丙'字里是一个人，孤苦伶仃，没人照顾。'两'字里两个人，万一有个头疼脑热也好相互照顾。"

徐夫人生气地说："他外头有人！"胡铁嘴反应极快，他立马写了个"俩"字说："就算他外边有人，这'两'字旁边再加个人是'俩'，官话读（liang）。这可不是指三个人啊，也不是指两个人，而是专指夫妻'俩'两口子。"徐夫人听了，无话可说。

胡铁嘴苦口婆心，指着"两"字说："大妹子，不要疑神疑鬼啰。文才在外做生意不易，能离开三教九流各路朋友么？一个家庭，要夫妻俩共同支撑，双人担当才行啊。"说着，又指着"两"字上一横说："就像'两'字里的两个人，伸出双手，共同支撑一个家。"

两个人为俩

liǎng
俩

俩
金文

俩
小篆

俩
隶书

俩
楷书

古代的“俩”字写作“倆”，简化时去掉了当中一竖。

“俩”字是个左右结构的形声字兼会意字。左边的单人旁为形符，表示与人有关；右边的“两”字为声符，读“liǎng”。

“俩”本义指重量单位，二十四铢为一两，后来转义为数词，表示“两个”。数目“两个”与“单人旁”组合，就表示两个人。所以“俩”的本义指“两个人”，如他俩、我俩、娘儿俩、兄弟俩、咱俩、买俩馒头。这儿特别提醒，在“俩”字后面不能再接“个”或其他量词。

“俩”字泛指不多的几个（人或物），如“怎么，只来了这么俩人”？

“俩”字除了读“liǎ”，还读“liǎng”，这时指“伎俩”，指不正当的手段，如骗人的伎俩，识破敌人的伎俩。

唐诗中的字谜——俩

谜语的语言大多通俗易懂，或以儿歌、民歌形式表达，或以顺口溜的形式表达。但古代不少文人雅士，制作谜语时，引用唐诗宋词，取其名言绝句作谜面，或打一物，或猜一字，既让人领略诗情画意，又让人品味文字之精妙，常让人拍案叫绝。

清代有位学者，名叫陈少逸，他写过不少佳谜，其中有则字谜最为出名。谜面为：落花人独立，微雨燕双飞。

这两句诗引自唐代诗人翁宏的《春残》。他以象形法和增损法，营造了一个十分美妙的意境，然后托出谜底。

第一句“落花人独立”，指人在赏花时，花已落下，只剩下一个人还孤孤单单地站在那儿。“人独立”，就是指一个人，从文字上讲就是“单人旁”，在这儿，我们就理解为“单人旁”。

第二句：“微雨燕双飞”。我们知道，微雨，即细雨，细雨是看不到雨点的，既然看不到雨点，也就是将“雨”字中四点去掉。四点拿掉之后，飞进去两只燕子，而燕子飞起来既像“人”字，也像“入”字，所以用“入”字比作飞燕，形象动人。这么一来，“雨”字就变成了“兩”字（现简化为“两”）。

上下句合二为一，即单人旁加“两”字，谜底即为“俩”字。

liàng

亮

人在高处光线强——亮

小篆的“亮”字是个上下结构的会意字。上半段是“高”字简省的写法，省略了“高”字下半段里的“口”字。“亮”字下半段是个“几”字，这原来是个“人”字，在隶变为楷书时，被误写为“几”字。

“高”字与“人”字组合，指“人在高处光线强，看得远，看得清楚，显得明亮”。有人在解读“亮”字时，认为人在高处看得清楚。还认为古人之所以在下面写个“几”字，是因为桌子茶几之类大多数在明亮处的缘故。此说有点勉强。

古代的“儿”字与“人”字是同一个字。隶变后楷书写作“儿”，在字左边写作单人旁“亻”，在字下面写作“儿”。“儿”读“rén”，本义指“人”，只作偏旁，不单用，如今作了“兒”字的简体字。现在“儿”字既可单用，也作偏旁用，但作为“人”的意思，如今已不单用，只作偏旁用。凡从“儿”取义的字，都与人有关。所以“亮”字下面的“几”字原是表示人的“儿”字，因与“几”相似，隶变后的楷书误写为“几”了。

“亮”字的本义指“明亮，光线强”，如发亮、亮堂、亮光光、明亮、光亮、亮度、天亮等。“亮”字由本义引申指“清楚、明朗”，如敞亮、闪亮、漂亮、透亮、乌亮、雪亮、油亮、心明眼亮。“亮”字由本义引申指“显示、显露”，如亮相、亮底、亮牌、高风亮节。“亮”字假借指“声音响”，如响亮、洪亮、嘹亮。

金文

小篆

亮

隶书

亮

楷书

心明眼亮

旧时代，一个人除了名字，还有字、号及乳名（也叫小名）。若是文人作家，还有笔名。现代人大都只有姓名和小名了。中国有近十五亿人口，重名的现象很多，特别是单名，重复的就更多了。

有位颜先生，生了个儿子，一心要为孩子起个好名字。颜先生本身是语文教师，平时喜欢写小文章，搞点咬文嚼字之类的小议论，也曾帮不少亲友的子女起过名字，但轮到为自己儿子起名字时却犯难了，翻遍了《现代汉语词典》，没找到一个中意的字。

这天，颜老师在办公室谈起为儿子起名字的事儿，跟随他实习的师范生小马说："颜老师，就叫颜亮吧，心明眼亮嘛！"颜老师一听，顿觉眼前一亮：啊，这名字简洁、响亮，"颜"与"眼"谐音，又有"心明眼亮"这好口彩，不由拍着巴掌说："好，这个名字好！"

小马捧出一厚册《图解说文解字》说："颜老师，这'亮'字可有讲究呢。它上半部分是'高'字头，有登高望远的意思，不过，若拆解开来看，也有值得你留心的地方……"

颜老师一听，乐了："小马，你钻研汉字，已学会拆字解字，还打算当个测字专家呀！"小马笑道："我从初中开始，就喜欢研究汉字笔画的内在含义。我在收集古代测字故事，看测字先生是怎样用字的笔画和读音来解释字义，博得人们相信的。"颜老师鼓励道："你接着往下说啊。"

小马道："比方这'亮'字，上半部像个'言'字，但当中少了两横，成不了'言'，那我就得劝你，往后要启发孩子说话，别让他成为沉默寡言的人……"

颜老师赞道："有道理。对任何孩子都应该这样，要他们学会讲话，善于表达，勇于辩论。"小马又说："这'亮'字底下是个冗（rǒng）字，有冗长啰嗦拖拉的意思，你可得教会孩子讲话要简洁明快，不要做个碎嘴婆啊；也要鼓励孩子做事利索，不要拖拖拉拉。"小马又说："这'冗'字加三点水便是个'沉'字，你要教育孩子一往无前，勇攀高峰，不甘落后啊！"这番话，说得颜老师很开心。小马将一个"亮"字拆解得这么生动有趣，真是后生可畏啊。

诚实真挚守信——谅

liàng

谅

“谅”字是个左右结构的形声字兼会意字。左边的言字旁作形符，表示跟言语有关；右边的“京”字读“jīng”，作声符并会意。“言”字与“京”字组合，指“人诚实守信而又真挚”。言而有信为诚实守信，所以“谅”字以“言”字作声符并会意。

古人为什么用“京”字作“谅”字的声符呢？

甲骨文及金文和小篆的“京”字都是象形字，字形像将土堆成一个高丘，在高丘上修筑宫室或建瞭望哨。所以“京”字有高大、厚重之义。而一个人言行一致，诚实真挚也给人高大厚实的感觉，所以古人用“京”字作“谅”字的声符并会意。

楷书的字形由小篆演变而来，写作“谅”。

“谅”字的本义指“诚实守信”。诚实守信又真挚的人，大多心胸开阔，容易宽厚待人，所以“谅”字由本义引申指“宽恕”。

了解实情后，原谅或消除意见称“谅解”；请人体察原谅称“谅察”；客套用语，表示请别人谅解称“见谅”；站在他人的立场上着想，给予谅解、宽恕称“体谅”；对过失或错误予以宽容称“原谅”。

“谅”字还假借指“料想”，如谅必、谅他也不敢。

小篆

諒
隶书

谅
楷书

谅无是非

古人写诗作词，每用一个字，都要经过千锤百炼，再三推敲才能定稿。千古名篇，都得下这番功夫，才能流传至今。

福建山区有个小县城，城里没有什么古迹，只有城南前街有座古建筑，经多年修缮，又有专人管理，所以成了当地一处景点，这景点便是明清时代该县的县衙。门前广场建有旗杆石，石墩上有旗杆，左侧有击鼓亭，凡有冤屈的，可击鼓鸣冤。进了衙厅，有一宽敞的过道，接着便是县令审案的大堂，大堂后有县令及文书差役等人办公的房间，再往后的院子是县令生活起居的处所。

在县令住所那道厅的两旁，竖着一对石刻的对联，字迹清晰可见，此联有段来历。

却说明朝初年，福建有两位举子赴京赶考，一位名叫陈苏，一位名叫刘宗元，两人是同乡同窗又是好友。发榜后，陈苏考中进士，被朝廷委派到这小县城当县令。刘宗元名落孙山，回家苦读，以备下次再考。

陈苏到县城赴任时，请刘宗元陪同。万事起头难，他请好友当参谋，助自己一臂之力。这小县城民风淳朴，没发生什么杀人放火的大案。前任县令口碑尚好，因年老体弱，告老还乡了。临走前，将后院打扫得干干净净。

陈苏带着刘宗元在县衙转了一圈，最后来到后院，见这儿花草树木，一片青绿，假山与石阶上长出青苔，显得十分幽静闲适。见此情景，陈苏不由想到一上联，对刘宗元道："刘兄，我得一上联，你续个下联如何？"刘宗元道："请出联。"陈苏便一字一句道："看阶前绿草苔青，谅无是非"。

刘宗元听了，知道陈苏对眼前宁静很是满意。因为这不仅仅是指环境幽静，而是说此地风平浪静，不会有匪盗骚扰，当可高枕无忧，过清闲安稳日子了。刘宗元想罢，忽听院外一阵鸦雀叫声，随口吟道："听墙外鸦啼鹊噪，恐有冤情"。

这上下联对仗中的关键词是"谅无"和"恐有"，刘宗元借此向陈苏发出警告，不要想当然以为太平无事，要做好审理大案为民平冤的思想准备。

为婴儿收拾完毕——了

liǎo

了

古代的“了”字，既是个象形字，也是个会意字。小篆的“了”字，像“子”字，有头没有手臂之形。婴儿两臂及双腿都被捆缚于襁褓之中，像刚为婴儿擦洗收拾完，用布等把婴儿双手、身子及腿等包裹起来，只露出大头和小脚，表示“终了、完毕、结束”。

“了”字的本义指“结束、完毕”，如解决、结束称“了结”；了结、解决称“了却”；将事情平息结束称“了事”；指事情办完称“了手”；结清账目称“了账”；用在句末，表示如此而已称“罢了”；表示容忍、勉强放过，暂不深究也称“罢了”；私下了结称“私了”。完了、终了、不了了之、一了百了等都表示“结束”。

“了”字假借指“明白、懂得”，如打听、调查或指知道得很清楚称“了解”，明白、清楚称“了然”，清楚、明白、清晰称“明了”。

“了”字放在动词后面，跟“得”“不”连用，表示可能或不可能，如来得了、来不了；也用在反语、惊讶、责备语气句末，如那还了得？也用来表示不一般，很突出，如这人武功甚是了得。

“了”字也用来表示完全，如了无惧色。

“了”字是个多音字，读“le”时，指“放在动词或形容词后，表示变化或动作已经完成”，如吃了、吹了、打了、丢了、分了、拿了、听了、红了、慢了、歪了、重了等等。

“了”字还指“用在句末，表示情况变化或肯定语气”，如他肯定走了、下雨了。

小篆

隶书

楷书

感慨万千说“了”字

这天，无锡梁溪谜语研究会的朋友，在会长马汉文家喝茶聊天。小陶拿谜友们发来的几个字谜让大家评判。“独生子，有一下子”，两句话，谜底都是“了”字；“等一会儿”，谜底也是“了”字，意思指等来“一”字，与“了”字会合成“子”，不就是“会儿”么？在这儿，把“儿”字当作“子”字，“会儿”就是“会子”。“辽无边际”指“辽”字去掉走之旁，剩下“了”字；“讳疾忌医”，意在把“疾”字看作“病”字头，“医”字看作“疗”字；“忌医”，即去掉病字头，剩下“了”字。

老马听罢，说：“字谜大都侧重在字的笔画、形态上，很少能切入到字的意义内涵上。就像这‘了’字，虽是两笔，但看似一笔头，而作用可了不起，了不得，不得了。每天说话写文章，谁能离开得了‘了’？真是离不了，用不了，用了才晓得用了‘了’。”

赵振南笑道：“马兄在说绕口令呐。从前有一个笑话，说有位教书先生和他的学生写文章都喜欢用‘了’字。有一天，学生交上一篇文章，句句都有‘了’字。先生看后，旁边加批：你用的‘了’太多了，‘了’字被你用了（liǎo）了（le）。为了不把‘了’用了，今后不许用‘了’（liǎo）了（le）。这学生看了先生的批语，心中不服，也在旁边加了个批：师用‘了’，我用‘了’，‘了’多习惯怎改了？别改了，别改了，反正‘了’字用不了，不怕你把字用了了。”

马汉文感叹道：“‘了’字的形状，是‘乙’字直起腰来，这时表示事情办妥，读“liǎo”。事情办完该走了，这时读“le”，表示办完事走了。‘了’音通‘瞭’，事了就明瞭了。‘瞭’即亲眼所见，情况明瞭了，所以‘了’跟‘瞭’通用过。人的修养，到了明心见性的程度就像‘乙’字伸直了，也就成了佛。首先是‘明了’，其次是不了了之。‘了’字最后一笔带个钩哪。为什么有钩？据说这叫前缘未了。只有直了，才能把‘乙’写成一竖，就修炼到家啦。所以有人从汉字的‘了’字，看出汉字与佛教渊源相关哩。”

赵振南说：“这些是你马兄一家之言啰。要说‘了’字，用得最好的，当数《红楼梦》第一回跛足道士念的《好了歌》了。八个‘了’字都念“liǎo”，十分传神。”说罢，大声背起了《好了歌》。

liè

烈

金文

小篆

烈
隶书

烈
楷书

火势凶猛——烈

小篆的“烈”字是个上下结构的形声字兼会意字。下面的四点表示“火”，作形符。表示跟“火”有关。上面的“列”字读“liè”，作声符并会意。

“火”与“列”字相组合，指“火势凶猛”。因是指火势很大，所以“烈”字用“火”字作形符。

古人为什么用“列”字作“烈”字的声符呢?

古代的“列”字是个形声字兼会意字。右边的“立刀旁”表示用刀分开分解之意，本义指“分解、分开、分裂”。物品被大火烧毁而被分解，这两者之间的意思是相通的。所以古人用“列”字作“烈”字的声符并会意。

楷书的字形由小篆演变而来，写作“烈”。

“烈”字的本义指“火势猛”，由火势猛而引申指“厉害、猛烈”，如猛烈的火称“烈火”，强风称“烈风”，炎热的太阳称“烈日”，火焰强称“烈焰”。还有暴烈、惨烈、激烈、酷烈、强烈、热烈、威烈等词。

“烈”字由本义引申指“正直、刚毅”，如性格刚强称“烈性”，刚正有节操的女子称“烈女”，还有壮烈、贞烈、忠烈等词。

“烈”字又引申指“为正义事业而牺牲的人”，如烈士、烈属、先烈、英烈。

名不在列感情炽烈

杨先生的一生，三分之一的时间求学，三分之一的时间当教师，三分之一的时间当编辑。贯穿其间的是学习写作，勤奋写作，他终于写成了个货真价实的儿童文学作家，退休后仍笔耕不辍。

杨先生引以自豪的是，他当教师时的生活积累，写成了数百篇反映当代儿童现实生活的儿童小说和儿童故事。他花十多年时间，精心构思，将数百个精彩故事，集中到一个名叫“小铃铛”的小男孩身上，出版了一套系列丛书，受到小读者的欢迎，后来拍成了卡通片。又经几年努力，小铃铛的卡通形象树立起来了，杨先生信心百倍，想把这一形象打造成一个品牌，让他走出荧屏，走向市场，成为家喻户晓的人物。

杨先生的构想十分美好，但现实是残酷的。国外卡通片和读物的大量涌入，改变了中国孩子的阅读兴趣和审美情趣。他们不喜欢杨先生那种写实风格和叙事方式，于是，小铃铛不再清脆悦耳了，渐渐消失了……

一晃十多年过去，原先出版小铃铛的传媒集团看中了这个昔日曾辉煌过的形象，准备将此列为重大工程，将这个形象打磨成一个品牌，能在中国卡通园地有一席之地，为此调集精兵强将，组建了一个专业团队，来实施这一工程。

杨先生已退休多年，对现在孩子的阅读习惯和市场行情知之甚少了。所以“小铃铛”创作团队没有邀请他加入。出于尊重，在创作团队成立的新闻发布会上，合作团队邀杨先生出席，并请他讲几句话。

杨先生走上讲台，感慨万千。他指指创作成员名单，动情地说：“我虽名不在列，但我对小铃铛的感情炽烈，对你们的支持热烈，对你们的希望强烈……”

听到这儿，台下几位跟杨先生较为熟悉的小伙子悄悄议论开了：“老爷子研究汉字走火入魔啦，到这儿来大讲‘列’与‘烈’的故事了……”

liè

裂

裁剪后余下布头——裂

“裂”字是个上下结构的形声字兼会意字。下面的“衣”字作形符，表示跟布帛衣裳有关。“裂”字上面的“列”字读“liè”，作声符并会意。

“列”字与“衣”字组合，指“用布帛裁剪衣服后剩余的布头”。因指的是裁剪衣服后剩下的布头，这跟布帛衣服有关，所以古人用“衣”字作“裂”字的形符。

古人为什么用“列”字作“裂”字的声符呢?

小篆的“列”字是个左右结构的形声字兼会意字，右边是“立刀旁”，表示以刀分解之意，本义为“分解、分开”。此义后来另加义符“衣”字，写作“裂”。由此可见，“列”字是“裂”字的本字，是最早的“裂”字，它理所当然的是“裂”字的声符了。再说裁剪布帛做衣服，有使整块布帛分解的意思，所以古人用“列”字作“裂”字的声符并会意。

楷书的字形由小篆演变而来，写作“裂”。

“裂”字的本义指“剖成若干个部分”，如破而分开称“裂开”，裂开后成片状的称“裂片”，冬季人的手脚皮肤破裂称“皲裂”，还有裂变、爆裂、并裂、分裂、割裂、决裂、破裂、四分五裂、天崩地裂等词语。“裂”字由本义引申指“裂开的缝”，如分裂成狭长的缝称“裂缝”，器物破裂的痕迹称“裂痕”，破裂形成的口儿称“裂口”，破裂后形成的纹路称“裂纹”，破裂后形成的小缝称“裂隙”。

裂
小篆

裂
隶书

裂
楷书

“裂”和“四分五裂”

西汉年间有位文士名叫刘向，他根据前人的资料，重新编写了历史散文著作《战国策》。书中所记大多为战国时期策士们的言论，共三十三篇，分国记载东周、秦、齐、楚等诸国历史事实，上接春秋，下至秦朝灭亡，共二百四十年的历史事件。这里讲的，就是张仪劝说魏国国王的事。

从公元前475年至公元前221年为战国时代，主要有秦、魏、韩、赵、燕、楚、齐七国。其中秦国最强。其余六国曾经采取纵横家苏秦的策略，联合起来，齐心协力对抗秦国，这就是“合纵”策略。秦国为对抗六国“合纵”，就采用纵横家张仪的“连横”策略，就是用各种方法，来分化和离间六国的“合纵”，包括采用威胁和利诱的手段，分别迫使六国依附秦国。当时，有许多战略家从事“合纵”与“连横”的运作，这些人称为“纵横家”。其中最出名的是苏秦和张仪。苏秦是“合纵”的代表人物，张仪是“连横”的创始者。

张仪是魏国人，秦王拜他为相，让他实施连横策略，第一站就是出使魏国，劝说魏王趁早离开六国，倒向秦国。

张仪见到魏王，摊开地图说道：“请仔细看，魏国南边是楚国，东边为齐国，西边为韩国，北边是赵国，你居当中。若有战事，秦国不论攻打哪国，魏国必定是战场，你无处可避。你在四国之中，四面被困，任何一国都可攻魏，其中只要有一国与之联手，魏国必亡。再说，你若割地求和，南面一块地若与楚而不与齐，则齐攻魏之东。若东与齐而不与赵，则赵攻魏之北；若北与之赵，不与之韩，则韩攻魏之西；若西与之韩，而不与之楚，则楚又攻魏之南，此所谓四分五裂之道也，吾为大王计，莫如事秦……”

张仪用他那三寸不烂之舌，绕了个大圈子，将魏国的地理位置处在四国之中的潜在威胁加以夸大，最后得出魏国将“四分五裂”的结论，劝说魏王趁早归顺秦国，离开六国，以达到他“连横”目的。

后人将张仪说的“四分五裂”作成语流传下来，比喻国土被瓜分。现在多用来指政权不统一，也用来形容物体破碎得厉害，不完整，已四分五裂了。

lín
邻

五家聚居为邻

古代的“邻”字写作“鄰”，这是个左右结构的形声字兼会意字。右边的软耳朵为形符，左边的“粦”字为声符，读“lín”。两形合一，指“人们聚居的地方”。

右边的软耳朵旁是“邑”字的变体，用作偏旁部首，写在右边。“邑”字读“yì”，是个会意字，由“口”和“巴”组合而成。“口”表示疆域，“巴”字像人形，意为有土地、有人民的国家。所以“鄰”字用它作形符，表示人们聚居的地方。

古人为什么用“粦”字作“鄰”字的声符呢？因为“粦”字指古代战场上人和马的尸骨埋在地底下，遇气温适宜时，会出现磷火，扇动后会变成无数火星，四处飘游，这就有积少成多的意思。而“鄰”有人们集中住在一起，各家相连，有积少成多，人口不断增加的意思。所以“鄰”字以“粦”字作声符并会意。

楷书的“鄰”字由小篆演变而来，隶变后写作“鄰”，简化后写作“邻”。这是个形声字，“令”作声符，软耳朵作形符。“令”字有美好的意思，人们以“令”作声符，也许是希望找到一个好邻居吧？

“邻”字由本义引申指“靠近的、连在一起的”，如邻国、邻接、邻近、邻村、比邻、地邻、紧邻、邻邦、毗（pí）邻、以邻为壑（hè）。

鄰
小篆

鄰
隶书

邻
楷书

刘半边的以“邻”为壑

民国年间，南京夫子庙的测字高手胡铁嘴为人顺和，亲朋故旧、街坊邻居，常来找他求仙问药，闲谈聊天，他来者不拒，乐此不疲。

这天，曾做过邻居的刘半边来找他。这刘半边年近半百，心胸狭窄，爱板面孔，人称青面皮，南京话叫“半边脸”，因此外号“刘半边”。

刘半边在税务局当个小官，常仗势欺人，邻居们见他如瘟神一般。刘半边不知自省，反而怪邻居们妒嫉他，看不过他，于是便来找刘铁嘴大倒苦水，斥责邻居们的不是。

刘半边一坐下便说：“我要搬家，不再跟那帮人做邻居。尽是些刁钻促狭小人……”

“慢着，慢着。”胡铁嘴打断他：“谁是小人？我看你才是小人呢。垃圾往邻家倒，马棚对着邻家窗口……你是以邻为壑，谁又喜欢你呢？”

刘半边听了，脸色发青，快翻脸了。胡铁嘴及时递上一支烟，不经意地说：“看在老邻居的份上，我给你测个字，给你解解困。”

刘半边问：“测什么字？”

胡铁嘴说：“你不是怪老鄰居而要找新鄰居吗？我就给你测个‘鄰’字吧。”说着，写了个斗大的“鄰”字说：“你看清了，这‘鄰’字是贵人之体，有富贵相，这富贵是你祖上留的。左上方有米，说明你是拿俸禄、吃官饭的人，你在局子里大小也算个官嘛。你这舒服日子，还能过个八九年……”

刘半边生气地问：“怎么？过几年我就死啦？”

胡铁嘴说：“听着，我以字说理，你别嫌我嘴毒。这‘鄰’字左下方有‘死’字之形，而左上方的‘米’字有六十之相。如你再不收敛，总是与人为敌，以鄰为壑，恐难活到六十岁！”

刘半边脸一板，喝道：“你吓唬我？”

胡铁嘴厉声说：“测字人以字说话。三十而立，四十而不惑，五十而知天命，六十耳顺。‘鄰’字左有六十之象，右为耳朵之形，你能活到六十，我来为你做寿！”这番话，呛得刘半边哑口无言。

树挨着树成为树林

lín

林

甲骨文

金 文

小 篆

林
隶 书

林
楷 书

甲骨文和小篆的“林”字是由两个“木”字组成的，这是个会意字。

说到“林”字，必须先说到“木”字。

“木”字的字形来源于一棵树的形状，上有树枝，中有树干，下有树根，这是个象形字。

“木”字的本义就是“树”。两个“木”字并排表示树一棵挨着一棵，许多树种在一片土地上，这就是树林。若是再加一个“木”字，就是“森”字，表示树木更加茂密，那就是森林了。“林”字的本义就是“树林”。

树木林立，引申出人或事物的会聚、集合，如山林、石林、竹林、碑林、民族之林、儒林、艺林。

妙拆“林”字

从前，在南京夫子庙街头，有许多拆字摊，其中有位花白胡子老头的拆字摊很特别，他为人拆的大都是“林”字。

这天一大早，一位进城卖菜的农夫来拆字。拆字老头看出他是为生活而来的，就指着“林”字说：“这林字拆成两个木，东边木长柴，西边木长米。”说到这儿，他在一个“木”上加个“此”字，成了“柴”；在另一个“木”上加了两点，成了“米”字。这样便成了“柴”和“米”两个字。老头挥挥手说：“回去吧，只要你天天进城卖菜，不愁柴和米。”

农夫听了，丢下两个铜板，高高兴兴地走了。

有位商人在旁边看了，觉得好奇，也叫老头为他拆个字。

老头见他唉声叹气，料到他有不顺心的事。他拿出一个“林”字说：“‘林’字拆开是两个‘木’，东边木转平，西边‘木’变‘和’。”说到这儿，他将“木”字倒过来，在上面加一横，在另一个木字上加一撇，旁边又加了个“口”，这样两个木变成了“平”“和”二字。老头挥挥手说：“回去做生意吧，和气生财，平安无事。”

商人丢下十个铜板，高高兴兴地走了。

一个满脸横肉的大汉，一直站在旁边看热闹。此人是夫子庙的地头蛇，他本想敲老头一笔竹杠，见老头拆字说得头头是道，他也忍不住开了口：“喂，老头，也给我拆个林字！”

老头认识他，也知道他一心想当官，要人家夸他有才气。于是他拿起一个“林”字说：“林字拆开两个木，东边木升官，西边木生才。”说罢，他在一个“木”字旁加了“官”，另一个“木”字旁加了个“才”。

地头蛇一看，两个“木”字成了“棺材”，气得扭头走了。

俯身瞪眼看水情——临

lín
临

甲骨文

金 文

小 篆

臨
隶 书

临
楷 书

“临”字的繁体字为“臨”。金文和小篆的“临”字，形状像一个人俯着身子，瞪大眼睛，在观看水里的东西，特别是“臣”字，就是睁得大大的眼睛。所以“临”字的本义就是“从高处向低处看”。

古代封建社会里的帝王都是高高在上的，他们以天子自称，所以他们看其他臣民都似乎带有从高处俯视的意味。

于是人们就用“临”表示上级对下级的监视、管理，后来“临”字也引申为“统治”的意思，如君临四海，就是说皇帝统治天下。

从高处往下看时，人脸和所看到的物体是面对着面的，这使得“临”字引申出“面对”的意思。成语“临深履薄”，意思就是说面临着深渊，脚踩着薄冰，比喻非常的小心谨慎。

“临渊羡鱼”，是说面对着河，希望得到鱼，却不去捕捉，比喻只做空想而不讲究实际的人。这两个成语里的“临”字都是面对的意思。

“临”还由“面临”的意思引申为“遇到、碰到”的意思，如成语临危不惧、临阵脱逃等。

“临”也有“到”的意思，临阵磨枪、临渴掘井、欢迎光临中的“临”字用的就是这个意思。

“临”字还表示对着书画范本进行摹仿学习的意思，如：临摹、临帖。

调任得奇梦——临

《聊斋志异》为清人蒲松龄所著，通过人鬼相杂、幽明相间的艺术画面，写出许多动人故事。其实在历代笔记小说中，这类故事多着哩。

却说唐朝有位官员名叫张宣，他原在越州当县令，任期满后，他想调任到靠近老家的萧山。就在朝廷宣布任命前三天，他梦见一位二十余岁的女子，头戴草帽，向他跪拜请安，并说："妾家有十一口，大人即将到任，特来拜贺。"说罢，款款离去。

张宣把梦境告诉家人，大家都不知何意。第三天，朝廷宣布张宣任湖州安吉县令。这时他才想起梦境，原来那个女子头戴草帽暗示是个"安"字，口称家有"十一口"是个"吉"字，分明是要告诉他是要调任"安吉"啊。张宣本不想去，但转念一想，梦中之事是表示天意不可违，他只好上任了。

张宣在安吉三年，未曾见那女子现身，他也就把这事忘了。三年期满，张宣仍想调往萧山，不料，就在朝廷宣布前三天，他又梦见那女子头戴草帽来找他。这次，她面容憔悴，悲悲戚戚地说："大人在安吉多年，妾已搬至祖籍。妾祖上是朝廷大臣，告老还乡，去世后葬在出生之地。现人口已凋丧殆尽，只剩下三口了。大人将调任妾家乡，特来拜谒。"说罢伤心离去。

不久，朝廷宣布张宣调任临安当县令。张宣想辞官回乡，夫人劝道："女子托梦，说的是'临安'二字呀，又是天意啊。"

张宣心想，这女子头戴草帽，是个"安"字。前朝大臣，再加上三口人，是个"临"字啊。想罢，他只好往临安上任了。他想，这次那女子若能现身，定当到她先人坟前祭拜，告慰前朝大臣在天之灵。

从上往下浇水——淋

lín
淋

小篆的“淋”字是个左右结构的形声字兼会意字。左边的三点水作形符，表示跟水有关。右边的“林”字作声符并会意，读“lín”。这两个字形组合在一起，指“从上往下浇水”。因是“浇水”，所以“淋”字用三点水作形符。

古人为什么用“林”字作“淋”字的声符呢?

“林”字表示树林，在树林或森林中，大树参天，一棵棵树木紧密地连在一起。而用水浇物，或雨水淋下来也有水连不绝之义，所以古人用“林”字来表达雨线密如林之义，就用“林”字作“淋”字的声符并会意。

楷书的“淋”字由小篆演变而来，写作“淋”。

“淋”字的本义为“雨水淋淋，连绵不断”。

雨水浇到身上称“淋雨”。一种洗澡的方式，让水从上面喷下来，人在下面冲洗称“淋浴”。形容水、汗等向下流的样子称“淋淋”，如汗淋淋、湿淋淋、雨淋淋。

形容汗水湿淋淋地往下滴称“淋漓”，如大汗淋漓；形容畅快称“痛快淋漓”。

“淋”字是个多音字，读作“lìn”时，由本义引申指“过滤”，如用纱布淋一下、淋盐。

“淋”字指一种性病：如淋病。

淋
小篆

淋
隶书

淋
楷书

“汗淋”与“翰林”

“汗淋”应为“汗淋淋”，形容人的汗水往下流，指汗流浃背，大汗淋漓的样子。

“翰林”是唐玄宗时设的官职，称“翰林学士”，掌管批答各地上奏的文书，起草各种文告章程，是皇帝的心腹，也是文学侍从官，相当于秘书和顾问。唐朝大诗人李白，就有翰林大学士的头衔。

却说有一年夏天，城里暑气蒸人，热得喘不过气来，李白约了兵部侍郎徐健，到城外找个荫凉处所，喝喝茶、乘乘凉、消消暑。两人来到渭河边的一座村庄，在村头一铁匠铺门口坐了下来。铁匠师傅浑身大汗地忙着。

徐健虽是兵部侍郎，也善吟诗作对。他对李白说：“见得眼前景象，我有一上联，不知大学士可有雅兴，对出下联？”李白笑道：“这有何难，请出上联。”徐侍郎吟道：

六月铁匠打铁，铁匠擦汗，汗淋若矢。

李白听罢，反复吟读，越念越觉得这下联难以相对。这上联有时间、有人物、有事情、有动作，最后一句“汗淋若矢”虽是描写铁匠大汗淋漓，但暗含着自己官名“翰林学士”的谐音。

不知是天热还是李白心急，这下联当时没对出来，徐侍郎也没打趣他，只是说，一时对不出，留待下次吧。

一晃小半年过去，转眼到了隆冬季节，大雪纷飞，天寒地冻。一个雪后放晴的假日，李白约徐侍郎到郊外赏雪，两人又来到渭河边那个村庄，在铁匠铺歇脚，刚坐下没多久，李白看到七八个船夫，正驾着一艘客船沿河而来。船夫们有在船头撑篙的，有在岸上拉纤的。拉纤的船夫弓腰弯背，踩着冰雪，吃力地向前迈步，被踩碎的冰块在阳光下闪闪发光，好似涌起一道道波浪。见此情景，他想到夏日徐侍郎那上联，不由灵感顿生，脱口而出：

寒冬船夫拉船，船夫踩冰，冰破似浪。

这下联妙在何处，当由读者诸君细细品味。

lín
鳞

鱼身上的片状物——鳞

“鳞”字是个左右结构的形声字兼会意字。左边的“鱼”字作形符，表示跟鱼类有关。右边的“粦”字作声符并会意，读“lín”。这两种字形组合在一起，指“鱼类身体表面的片状物”。因“鳞”是鱼身上的片状物，所以“鳞”字用“鱼”字作形符。

古人为什么用“粦”字作“鳞”字的声符呢?

金文的“粦”字是个会意字。上面是两把火，表示是“炎”字。下面的“舛”字读“chuǎn”，指左右两只脚，这两个字组合在一起表示会走动的火炎，指的是鬼火。有火光闪烁之义。而鱼身上的鳞片常因反射阳光而闪闪发亮，所以古人用“粦”字作“鳞”字的声符并会意。

楷书的字形由小篆直接变来，写作“鳞”。

“鳞”字的本义指“鱼身上的片状物”，鱼类、爬行动物和少数哺乳动物身体表面具有保护作用的薄片状组织，由角质、骨质等构成，称为“鱼鳞”，也称“鳞片”。

鱼鳞和爪也称“鳞爪”，比喻事情的片段。

“鳞”字由本义引申指“像鱼鳞的”，如有鳞和甲壳的水生动物统称“鳞介”；成语“鳞次栉比”，指像鱼鳞和梳头的梳篦齿那样整齐而紧密地排着。

鳞
小篆

鳞
隶书

鳞
楷书

日照龙"鳞"万点金

朱元璋（1328–1393）安徽凤阳人，明朝建立者。他出身于贫苦农民家庭，幼时为地主放牛，十七岁出家为僧，后参加农民起义。在1367年底在应天称帝，建立明朝，年号为洪武，故人称朱洪武。他在位三十年，整肃吏治，推行屯田，奖励垦荒，兴修水利，丈量土地，调整官僚机构，巩固中央集权，为明朝二百七十六年统治奠定了基础。

朱洪武在位期间，立长子朱标盛继承皇位，但朱标盛中年病逝，便立皇太孙朱允炆为王储，也就是后来的建文帝。可这朱允炆性格柔弱，朱洪武担心他日后难当一国之君的重任，所以忧心忡忡，难以定夺。

一天，朱洪武和皇子皇孙们在城外大校场观看御林军操练，只见数千名武士骑着马一字排开，煞是威武。朱洪武见一阵风儿吹过，数千马尾巴被风吹得飘扬起来，更显雄壮，他不由诗兴大发，对身旁的朱允炆说："我有一上联，你给我对出下联。"说罢吟道：

风吹马尾千条线。

这上联表述了风吹马尾的真实景象。朱允炆年少，但在宫廷呆了这么多年也读了不少书。他思索了一会，续出下联：

雨打羊毛一片毡。

这下联写的是草原毡房联片的景象，虽上下对仗，但读来平淡寡味。当时在场的皇子中，有朱洪武的四子朱棣，此人颇有文才武略。他上前对朱洪武说道："父王，儿也有一联。"说罢大声唱道：

日照龙鳞万点金。

这下联不仅上下对仗工整，且气势宏伟，描绘的是红日当空，阳光照射在龙的鳞片上，金光闪闪。这龙，就是指父王朱洪武。朱洪武听罢，龙颜大悦，连声夸好。也就从这天开始，朱棣开始觊觎（jì yú）皇位。朱洪武死于1397年，建文帝登基，不足五年，便被朱棣推翻。1403年朱棣当了皇帝，这便是赫赫有名的明成祖。

lín

麟

甲骨文

小 篆

麟

隶 书

麟

楷 书

跟鹿相似的麒麟

“麟”字是个左右结构的形声字兼会意字。

左边的“鹿”字是形符，表示跟梅花鹿之类的动物有关；右边的“粦”字是“鳞”字简省的写法，读“lín”，作声符并会意。

“鳞”字与“鹿”字组合，指一种形体像鹿，身上披着鳞甲的动物。因指的是像“鹿”一样的动物，所以古人用“鹿”字作“麟”字的形符。

古人为什么用“鳞”字作“麟”字的声符呢？

“鳞”字指鱼身上一片一片闪亮的小薄片，这称之为“鱼鳞”。而传说中的这个像鹿一样的动物身上也披着这样的鳞片，所以古人用“鳞”字作“麟”字的声符并会意。

楷书的字形由小篆演变而来，写作“麟”。“麟”字的本义指传说中的神奇动物“麒麟”。

“麒麟”是古代传说中一种动物，形状像鹿，身披鳞甲，是吉祥如意的象征，被古人视为神兽，被称为稀罕之物。人们常说的“凤毛麟角”，其中说的就有麟的角。

古人将“麟凤龟龙”称为“四灵”，用来比喻为品德高尚的人。

“四灵之兽”话麒麟

“龙凤麟龟”合称四灵。除了龟，麒麟跟龙和凤凰都是神话传说中的动物。古人想象中的麒麟，形状像鹿，所以“麟”字以“鹿”字作形符。传说麟全身披满盔甲般的鳞片，闪闪发光，显示其威武，故“麟”字以“粦”（lín）字作声符。麒麟的头上长着一只角，尾巴似牛尾巴。独角，显示出麟的独特和稀有，也是最为杰出的。牛尾巴，象征它是忠厚善良，是诚实可信的。公的称“麒”，母的称“麟”，合称“麒麟”。传说中的麒麟，是极有灵性的动物。它不可轻易见，也不可轻易寻。不是河宴君明的时代，它不会出现；不是人杰地灵之处，它不会涉足。正因为它有如此灵性，所以“麟”字的读音通“灵”。也正因如此，麒麟一直是华夏文化的象征，是吉祥如意的图腾，数千年来，先民们代代相传，从没有忘记它。

相传有一天，一位垂头丧气，官场失意，准备告老还乡的官员到清代测字大师范时行处测字。此人五十来岁，姓祁名麟，因性格耿直，嫉恶如仇，得罪了不少人，因而受到同僚排挤。他心生去意，打算回乡开蒙馆，当个私塾先生。临行之前，到范时行这儿测字消遣。

祁麟见到范时行，开门见山说：“久闻先生大名，想必你也听说过我祁某人。今日请你给我测个‘麟’字，看我告老还乡后，可有好日子？”范时行一听，忙起身离座，向他打恭作揖道：“祁大人正值壮年，谈何告老还乡？栋梁之材，正是为民做主之时，怎能挂印而去呢？”

祁麟摆摆手说：“一言难尽。你就以‘麟’字测我后半生吧。”说罢，拿起笔写了个大大的“麟”字。范时行指着这“麟”字说：“祁大人这‘麟’字写得锋芒毕露，意气逼人。一看便知是个雷厉风行，办事干练的人。”祁麟连连摇头：“请先生测字，不是评字。”

范时行道：“这‘麟’字左有鹿，右有米，表明你是个吃俸禄的人，日后还会高升呢。”祁麟道：“不求高升，只想把眼前事做好。只怕如此下去，寿命不长，来不及啰。”范时行笑道：“祁大人，你看‘麟’字在上方是个‘米’字，八十岁称‘米寿’，你离九十岁早着呢。”

几句话，把原本垂头丧气的祁麟也逗乐了。

口说心中遗憾——吝

lìn
吝

甲骨文

金文

小篆

隶书

楷书

甲骨文的“吝”字是个上下结构的形声字兼会意字。下面的“口”字作形符，表示跟用嘴讲话有关；上面的“文”字作声符并会意，读“wén”。这两个字形组合在一起，指“恨惜、遗憾”。

一个人心中有恨或遗憾之情，常常会忍不住地向别人诉说，一吐为快，这就是用口来说，所以“吝”字以“口”为形符。

古人为什么用“文”字作“吝”字的声符呢？这里有两种解释。一种解释认为，“文”字有掩饰之义。成语“文过饰非”中的“文”字就有“掩饰错误”之义。人们在诉说遗憾或恨时，往往不好意思直说，总是遮遮掩掩找出点理由来为自己开脱，所以“吝”字用“文”字作声符。还有种说法认为，这里的“文”字是“花纹”的“纹”字简省的写法，这儿指人身上绘的花纹。“文”字在这儿有遗憾之意现于形色的意思，所以“吝”字用“文”字作声符并会意。

楷书的“吝”字由小篆演变而来，来写作“吝”，本义指“悔恨、遗恨、遗憾”，后来假借指“小气、舍不得”，如应当用的财物舍不得用称“吝啬”；舍不得的神色称“吝色”；过分爱惜，舍不得拿出来称“吝惜”；形容心胸狭窄、鄙俗称“鄙吝”；吝啬、小气称“悭吝”（qiān lìn）；不吝惜、用于征求意见时的客套话称“不吝”，也说作“不吝指教”。

吝啬鬼的传说

古今中外吝啬鬼的故事很多。世界名著中刻画了不少吝啬鬼的形象，如英国莎士比亚喜剧《威尼斯商人》中的夏洛克，法国剧作家莫里哀喜剧《吝啬鬼》中的阿巴贡；法国作家巴尔扎克长篇小说《守财奴》中的葛朗台，俄国作家果戈里长篇小说《死灵魂》中的泼留希金，中国古典小说《儒林外史》中的严贡生……这些人物吝啬的形象，被描述得入木三分，栩栩如生。例如严贡生临死之前，还挣扎着伸出两个手指头，指指脚下的长明灯，告诉家人多了两个灯火……

在中国民间故事中，也有不少讽刺吝啬鬼的笑话。广为流传的是说小吝啬鬼请大吝啬鬼吃饭，名曰“三白”，即白开水、白米饭、白盐。大吝啬鬼回请，名曰“三冇（mǎo）”，“冇”在方言中指“没有”。即白开水冇、白米饭冇、白盐冇……

还有则故事也很有趣。说的是古时扬州有两位文人，一位称吝先生，一位称啬先生，两人偶尔相遇，谈得投机，只恨相见太晚，于是双方约定，中秋佳节，到平山堂饮酒赏月。吝先生带美酒，啬先生带佳肴。

中秋节当明，两人来到郊外，平山堂赏月观灯。此时游客摩肩接踵。两人在一亭子里分两边坐下，但他俩都空手而来，什么也没带。吝先生为打破这尴尬局面，他半握右手作出举杯状，遥指一轮明月，赞赏道：“今日月光如水，水如美酒，我先敬啬兄一杯！”啬先生也不含糊，站起来手握右手，做仰脖干杯状，随即伸出两个手指当筷子，指指亭旁水池说：“池中有鱼，鱼是佳肴，请吝兄尝鲜！”说罢，还从石桌上做挟菜状，递与吝先生。

两人互敬互让，好像觥筹交错，互敬互让，口中还咂咂有声，似乎在品尝美味佳肴，两人还边“喝”边聊，一个自夸：“好酒好酒，胜过杜康！”一个自诩（xǔ）：“好菜好菜，山珍海味比不上！”

吝啬二人的举止，引来一群人围观。有认识二人的文友们笑道：“二位喝的是吝啬酒，吃的是吝啬菜，眼前是吝啬人，死后是吝啬鬼！”

据说，此事传开后，便有了“吝啬鬼”一词。

líng

玲

玉相互碰撞声——玲

小篆的“玲”字是个左右结构的形声字兼会意字。左边的“斜玉旁”作形符，表示跟“玉”有关；右边的“令”字读“lìng”，作声符并会意。

“令”字与“玉”字组合，指几块玉放在一起，相互碰撞所发出的响声。因是指玉相互撞击所发出的声音，所以古人以“玉”字作“玲”字的形符。

古人为什么用“令”字作“玲”字的声符呢？

甲骨文、金文及小篆的“令”字都是会意字，字形像一个跪坐着的人在发出命令。古代“令”字和“命”字是一个字。金文的“令”字与甲骨文字形大致相同，只是另加了个“口”字，以强调命令之意。小篆使其整齐化，并分为两个字，隶变后的楷书分别写作“命”和“令”。

“令”字的本义指“发出命令”，后来引申指官名，如县令之类；又有时令、节令等义，也有嘉美的意思。玉相互撞击的声音清脆悦耳，使人感到美好愉悦，所以古人用“令”字作“玲”字的声符并会意。

楷书的字形由小篆演变而来，写作“玲”。

“玲”字的本义指“玉的撞击声”。由本义引申指“精巧细致”，如声音清越，器物精巧细致都称“玲珑”，或“玲珑剔透”；形容光明灿烂和明亮，或形容金属玉石撞击声称“珑玲”；形容玉石撞击声多用“玲玲”或“打玲”。正因“玲”字声音悦耳，字义美好，所以女子多用“玲”字作芳名。

玲
小篆

玲
隶书

玲
楷书

为王玲测"玲"字

南京奇人郑可鉴，他是旅游公司老板，却喜欢做导游这吃苦的行当。郑可鉴苦中作乐，乐此不疲。

三八妇女节这天，郑导带旅游团到宜兴游善卷洞。车上三十多人，是一家出版社的女编辑，青年人居多。中午，郑导累了，卷曲着身子，缩在驾驶员座位上睡会儿。后面车门开着，有两位不喜欢钻洞的女士上车休息，两人不知前面有人，便放肆地交谈起来，议论着新提拔的副主编王玲，言语间，流露出不服气的意味。郑导听着听着便睡着了。

客车由宜兴返回南京的路上，众人晓得郑导会拆字解字，有人起哄道："郑导，为我们王玲副主编测个字，看她什么时候转正当主编哦？"

看来这是起哄闹着玩，并无恶意。郑导站到前面，大声问："什么铃啊？是中山陵，还是双木林，还是小铃铛的铃，灵魂的灵，还是玲珑的玲？"女士们一条声地喊："玲珑的玲！"

郑导掏出本儿写了个大大的"玲"字说："啊，你们说的是皇上的'圣旨'呀！"众人不解，郑导补充道："玲字左边'王'，右边'令'，王者之令称'圣旨'啊。王玲女士姓王，再加上'玲'字里有王，说明她有王者之相，眼下已有尊贵的职位。'玲'字旁边的'令'字，指的是发号施令，表明这是权力。王玲女士有职位、有权力，说明她有担当，有成就，将来有发展，现在是副主编，将来……"

这时，王玲站起来，羞涩（sè）地说："郑导，请您别说啦，她们拿我开胃呢……"

郑导回答道："别当真！我也是在开玩笑啊，探讨汉字嘛。王副主编，我要对你说啊，把'玲'字拆解开来看，你那左边的'王'字是斜玉旁，显得不端正，说明你处于副职。右边的'令'字呢，也偏小点儿，说明你权力很有限。这'王'与'令'相辅相成。职位高，职位稳，说明权力大，但责任重，要有担当。你当副手，就要全心全意协助主编做好工作，自觉摆正位置，正副主编相互协作，下面的人便轻松自如，你王玲呢，也会生活得轻松愉快。玲字读音跟机灵的灵同音，希望你变得更有灵气，更有灵性，更加灵秀……"

líng
菱

突出尖角的果实——菱

“菱”字是个上下结构的形声字兼会意字。上面的草字头作形符，表示跟花草植物有关；下面的“夌”字读“líng”，作声符并会意。这两个字形组合在一起，指“果实叫菱角的水生植物”。

古人为什么用“夌”字作“菱”字的声符呢？因为“夌”字有超越突出的意思，而菱角两头都有突出的尖角，这也有超出、突出之义，所以“菱”字用“夌”字作声符并会意。

楷书的“菱”字是由小篆演变而来的。

“菱”字的本义指“一年生草本水生植物”。这种植物生在池沼中，它的根生在泥里，浮在水面的叶子略呈三角形，开白色的花，果实的硬壳大都有角，外壳是绿色或褐色，果肉可以吃。这种植物的果实通称“菱角”。

“菱”字由本义引申指“像菱的”，如邻边相等的平行四边形称“菱形”。

菱 小篆

菱 隶书

菱 楷书

“生菱”与“生灵涂炭”

南宋年间，以皇帝赵构和奸相秦桧为首的投降派，为一己之私，偏居一方，不思收复中原，统一大宋江山，因而遭到众多爱国将士和广大人民的反对，其中也包括许多伶人。他们代表大多数人民的愿望，以文娱表演为武器，打击投降派，支持抗金主张，充分反映了文以戴道，关注社会、关注民生的先进思想和战斗精神。据史记载，这些伶人，还创作了大量反映军民疾苦，官员腐败，儒术失灵的作品，在演出中达到了良好的效果。南宋的优戏，因其成熟高超的语言艺术，曾达到高峰，但在元、明、清三朝，因受到避讳和文字狱的严重打击，逐渐萎缩，以致有了消亡之势，直到清朝末年，民国之初，方得以恢复。

这里讲一段南宋优人表演的精彩节目。

南宋时，有两位无能的将军。一位叫新倪，一位叫郭杲（gǎo），看来是弟兄俩。两人因指挥不当，又不能身先士卒，常吃败仗而白白送了大量士兵的生命。

这一天，两位优人上台表演，口称皇上赐宴，招待各路将领。二人忙忙碌碌，向桌上摆放菜肴及各式果品，其中特别交代，这是一盘新采摘的生菱，放在桌上。后来二人又奉命搬移这桌子。移桌时，桌上生菱都掉到地上，其中一人大呼“生菱尽碎矣”。另一人也唉叹道：“苦苦丧了许多生菱，只因移果桌也。”

这一场戏，以“生菱”与“生灵”谐音，感叹因郭家兄弟指挥不当，致官兵死伤，生灵涂炭。又以“移果桌”与“倪杲作”谐音，直接指责郭倪、郭杲兄弟俩。在吴语方言中，“果”字与“杲”字音近，“移”字与“倪”字音近，“倪杲作”即“战败是倪杲二人所作”。这场戏指出他们应对战败负责，同时又委婉地讽刺了高宗用人失察，也负有责任。

头连接脖子部分——领

lǐng
领

小篆

領
隶书

领
楷书

“领”字是个左右结构的形声字兼会意字。右边的“页”字作形符，表示跟人的“头”有关；左边的“令”字读“lìng”，作声符并会意。“令”字与“页”字组合，指“人的头部跟脖子相连的部分”。

因是指人的头部跟脖子相连的部分，这跟“头”字有字。在甲骨文中，“页”字是个象形字，字形像一个突出了头部的人形，上为“头”和“头发”，下为人身，其本义为“头”。隶变后楷书写作“頁”，现简化为“页”，所以古人以“页”字作“领”字的形符。

古人为什么用“令”字作“领”字的声符呢?

在甲骨文中，“令”字与“命”字是一个字，都属会意字，表示向人发出命令之意。金文承接甲骨文，在“令”字下另加“口”字，以强调命令是从“口”中发出的。隶变后的楷书分别写作“令”和“命”，本义为“发出命令”。

“令”字由本义引申指“使、让”的意思，脖子连接头部和身体，能使头转动自如，所以古人用“令”字作“领”字的声符并会意。

楷书的字形由小篆演变而来，写作“領”，现简化为“领”。

“领”字的本义指“脖子”，如系在脖子上的布或丝织物称“领巾”，系在衬衫领子上的带子称“领带”。由本义引申指“衣服的领子”，如领结、领章、领口。又引申指“带领”，如领唱、领导、领路、领头、领先、首领、引领。由上义引申指“占领”和“管辖”，如领会、领教、领奖、领情、领受、认领、心领神会。又引申指“要点，大纲”，如纲领性文件、要领、共同纲领。

“领”和“不得要领”

“领”字指颈子、脖子。作名词用，指领子，如衣领子。还有“领导”“领取”等意思。成语“不得要领”，指没抓住事物的要点或关键。这里的“领”，是指衣领。“要”，可作古“腰”字理解。旧时衣服只要提腰和领，襟袖就平贴了。

说起这一成语的出典，有段历史人物故事。

远在西汉年间，西北边境常受匈奴的侵扰。在今甘肃青海一带，有个民族称“月氏”（ròu zhī）。他们也深受匈奴的侵害，甚至被打得四处逃散，丢失了自己的家园。月氏人将匈奴视为仇敌，一心要打败匈奴，夺回家园，报仇血恨，但他们力量单薄，无人相助，只好忍气吞声，远走他乡。

汉武帝登基后，从抓获的匈奴俘虏中得知月氏人也仇恨匈奴，便想派使者去联络月氏，共同抵抗匈奴。汉武帝任命外交家张骞（qiān）出使月氏，执行这一艰巨任务。

说这任务艰巨，除了路途遥远，一路风沙，荒无人烟之外，还在于通往月氏国，必须经过匈奴的国土。张骞率领的人马，进入匈奴领土没多久，就被匈奴国扣押，数十人被关了十年之久。张骞不忘自己的神圣使命，后来找到了一个机会，率领部下逃了出来，继续寻找月氏。

这时的月氏，在新国王的带领下，一直往西迁移。那儿有个物产丰富的大夏国，就在今日阿富汗的北部地区。月氏人在这儿侵占了一大片领土，立下脚跟，繁衍生息。月氏人过上了安逸富足的生活，把家乡故土和报仇血恨的事儿都忘了。张骞等人好不容易找到他们，当谈起联合对抗匈奴的事儿时，他们毫无兴趣，言谈间东扯西拉，不得要领，不知所云。《史记•大宛列传》在写到这件事时，用了十五个字：“骞从月氏至大夏，竟不能得月氏要领。”

这话的意思：张骞等人从月氏原来的住地，一直追寻到大夏，但始终没有得到月氏人积极的响应和肯定的答复，均不得要领。张骞等人只好长途跋涉，历经艰险，穿过茫茫沙海，返回汉朝。

后人将“不得月氏要领”这句话，紧缩为“不得要领”作成语流传下来，用来指未能掌握事物的关键和要点。

lìng
另

将事物分成两份为另

古代的“另”字是个上下结构的会意字，上面是“口”，下面是“力”。“口”与“力”之间是什么关系？

上面的“口”，不是吃饭说话的“口”，而是指像“口”形的事物。这事物是方框形的，表示这是个完整的事物，是一个整体，没有缺损，没有枝节。而下面的“力”，则表示用外在的力量把这完整的事物分为两份或更多份。这分出来的部分便是“另”。

“另”的本义就是指“把一事物分为两份”。

由于一个整体分为两份之后，这个新分出来的就成了“别的事物”，或是“在这以外的事物”。常用的词有另外、另册、另类、另案、另起炉灶、另眼相看等。

也有人认为，古代的“另”字是会意字，上面是“口”，下面是“力”，“口”是说话和饮食的器官。“力”是指人的体力和能力，有了这两样，就可以生存了，就不必依靠集体了。它的本义指“分居、割开”，既然分居、割开，就是另一部分了。这一说法，似乎有点勉强，那就姑且听听吧。

金文

小篆

隶书

另
楷书

瓦当欣赏

秦汉瓦当

另字头上大嘴巴

有个笑话故事，跟这“另”字有关。

明末清初，安庆有户姓钱的人家，家境殷实，非常富裕，可他一脉单传的儿子却成日游手好闲，无所事事。钱老爷看在眼里急在心上，便找了个教书先生，希望能把儿子调教好。

一天，教书先生写了个“另”字教少爷识。少爷看了一眼，说：“不用教了，这个字我认识，不就是男人的‘男’字吗？”

教书先生摇摇头，说：“看清楚，‘男’字上面是个田，而‘另’字上面是个口，怎么能混为一谈呢？”

小少爷“哼”了一声，说道：“我看这两个字都差不多，何必太认真呢。”

教书先生不由生气了，他没好气地说：“怎么会差不多呢？‘另’字虽然貌似‘男’，但它上头不是田，而是个大嘴巴，不会出力气种田，只会吃饭，是个废物啊！”

另眼相看

lìng

令

甲骨文

金 文

小 篆

令
隶 书

令
楷 书

跪着听长官发布命令

甲骨文的“令”字是个会意字，上面是个三角形，下面是个规规矩矩跪着的人，这个人跪着的姿态十分明显。金文和小篆都保持了这种格局。

毫无疑问，“令”字的下半部是个跪着的人。他跪着干什么？这就要看上半部的三角形表示什么意思了。

对上面的三角形，有三种说法。

有人认为，这三角形，是古代集合的“集”字，表示将众人集合到一起，一个个跪着，听酋长传达天神的旨意，或由酋长发布命令；也有人认为，这三角形是一个朝下张开的“口”，跪着的人在听酋长用嘴发布命令；还有人认为，这三角形表示房屋，也就是部族里的男女老少或被抓来的俘虏，聚集在屋内，跪着听长官发布命令。

以上三种说法大同小异，不必细究。“令”字的本义就是指“发布上级的指示、命令”。由于命令是由上级发布的，所以“令”字引申为“必须执行的法令、指令、军令”。又引申为“发布命令的长官”，如总司令。古代政府官员也称令，如郎中令、中书令。

既然“令”引申指“长官”，而长官又是受人尊敬的，所以“令”字又引申出美、善的意思，作为敬词用。如指别人的儿女为令郎、令爱，父母为令尊、令堂。

此外，“令”字还有“使”的意思，如令人兴奋、令人肃然起敬。

“令”还用来表示时节、时令，如夏令、冬令。

“今”日努力一“点”——令

今日报业集团，旗下有《今日时报》《今日晚报》及多种周刊，编辑、记者及发行人员近千名，光是办公室这一部门就有五十多人。

办公室主任老赵，快退休了，由副主任小夏主持工作。眼下元旦春节挤在一起，迎来送往，几十个人忙得团团转。

老赵当政时，说得少，做得多，他自己身先士卒，样样走在前头，员工们不吵不喊，各司其职，有条不紊。

小夏上任，风格可不一样。他坐镇指挥，派这人去取货，派那人去拿票；派这人去机场，派那人去车站……他整天握着电话，大声嚷嚷，对手下的员工们发号施令。

几天忙下来，办公室的工作有点乱了，员工们颇有怨言，几个小青年竟然不听调遣，跟小夏顶起牛来，弄得小夏好不尴尬。

下班了，员工们纷纷离开了办公室，只剩下小夏坐着抽闷烟。这时，老赵走进来跟小夏聊天儿。

老赵安慰了几句，话锋一转，感慨道：“哎呀，在今日集团头二十年，天天看《今日时报》，我咋就没看出，‘今’字和‘令’字之间的关系呢？”小夏问：“什么关系？”

老赵摊开《今日时报》，指着报头上斗大的“今”字说：“‘令’字比‘今’字多了下面这一点。这就是说，今日要努力一点，多做一点，明天才有资格去指挥别人，才能对别人发号施令。”

小夏听了，不由一愣。老赵轻轻拍拍他的肩膀，语重心长地说：“干行政事务的，要少说多做。记住我这句话，今天多做一点，明天才能发号施令。”

这席话，说得小夏连连点头。

水流直下的样子——溜

liù
溜

“溜”字是个左右结构的形声字兼会意字，左边是三点水作形符，表示跟水有关；右边是“留”字，作声符并表意，这个字读“liú”。这两个字形组合在一起，指“水流直下的样子”。

古人为什么用“留”字作“溜”字的声符呢？因“留”字表示“停留”，也有“静止不动”的意思。我们稍作留心便会看到，当水流不断时便有静止不变的感觉，所以“溜”字用“留”字作声符并会意。

楷书的“溜”字是由小篆演变而来的，写作“溜”。

“溜”字的本义指“水的急流”。

“溜”字是个多音字，读作“liù”时，指“急流”，也称“大溜”。由本义引申指“屋檐上流下来的水”，如檐溜。由此又引申指“屋檐下的水槽”，如水溜。

“溜”字也作量词用，指“排、条”，如一溜烟、一溜儿。也假借指“用石灰等涂抹墙缝”，如溜缝。

当“溜”字读作“liū”时，由本义引申指“滑行”，如往下溜、溜冰、出溜。由此又引申指“偷偷地离开”，如他溜走了、溜号、他偷偷地溜了。

溜
小篆

溜
隶书

溜
楷书

“溜”须拍马

“溜须拍马”是句俗语。“拍马”就是指拍马的屁股。骑马人都知道，在跨上马背前，先得在马背上撸几下，再拍拍马的屁股，使其舒服，分散它的注意力，然后趁其不备，一跃而上。后来将“拍马的屁股”紧缩为“拍马屁”，以此指奉承、讨好。那“溜须”又是什么意思呢？

说起“溜须”，还有段历史故事呢。

却说北宋年间，有位著名的大臣名叫寇准。他是今日陕西渭南人，为人刚直，多次直谏，被皇帝重用，当了宰相。

与寇准同一时代，还有位大臣名叫丁谓，是今日江苏苏州人，善于权谋，处处迎合皇帝的旨意，也受到皇帝的重用，升任为副宰相。

当寇准是宰相时，身为副宰相的丁谓，对寇准言听计从，毕恭毕敬，不敢有一点冒犯。

有一天，朝中议事，宰相、副宰相及几位大臣一起用餐。用餐时，汤水淋漓，沾湿了寇准那一大把垂到胸口的长胡须。古时候，男子的胡须都很长。从古代绘画中我们可看到，有些人在用餐时，左右耳朵上垂下两个勾子，将胡须拉向两边，以便进食。此时丁谓见寇准胡须上沾了汤水，忙不迭站起来，掏出手巾，沿着寇准的胡须，上下揩拂，为他擦洗干净。寇准不领情，嘲笑他：“参政，国之大臣，乃为长官拂须耶？”意思指，你丁谓是朝廷大臣，怎么能为长官揩胡须呢？揩拂，即溜其须。丁谓听了，一时下不了台，真是既羞愧，又恼火，一直怀恨在心。此事便是“溜须”的来历。后来人们将“溜须”与“拍马”组合起来就成了句俗语，专指曲意奉迎，谄媚他人。

liú

刘

金文

小篆

隶书

刘

楷书

文刀刘

小篆的“刘”字由三部分组成，是个形声字。它由“金”和“刀”表示意思，“卯”字表示读音，它的本义表示“杀”。

“刂”字俗称“铡刀旁”，准确地说，应是“立刀旁”，表示杀戮的刀。“金”字指“刀”是由金属打造的。这样，“刘”的本义就有“杀”的意味了。

“刘”字到了楷书时，形体有了变化，写作“刘”字，人称“卯金刀”，后来简化为“刘”，俗称“文刀刘”。刘字的本义早已不用了，后假借为姓。

北魏《孙秋生造像记》

唐·怀素《圣母帖》

宋·米芾《苕溪诗》

明·沈粲《停云馆法帖》

“卯金刀”想称帝——刘

北周宣帝年间，有个大臣叫刘昉。此人因拍马奉承，深得皇上宠信。宣帝驾崩后，刘昉见继位的周静帝年幼，便推荐杨坚为宰相，接着又帮助杨坚废帝自立，建立了隋朝。

杨坚坐上皇位后，虽然拜刘昉为上柱国，却一点实权也不给他。刘昉的妻子愤愤不平，便假托说“梦话”刺激丈夫：“姓氏卯金刀，应为万日天子。”

刘昉听了，心里一动，暗想：卯金刀合为“劉（刘）”字，正和我的姓氏相应，难道是要我做天子吗？想到这儿，心狂跳不已。于是他决定谋反，可是还没等行动，便东窗事发，葬送了性命。

这个故事，只见于野史，属于传说。刘昉的妻子假借梦话，来刺激丈夫，鼓动他谋反，结果送了丈夫的性命。

前度刘郎

田里收割后有遗留

liú
留

金文

小篆

留
隶书

留
楷书

金文的“留”字是个左右结构的形声字兼会意字。左边一大半是个“卯”字，作声符，读“mǎo”；右边的“田”字作形符，表示跟田地有关。这两个字形组合在一起，表示“庄稼收割后，田里还有不少遗留的”。这些遗留物都留在田地里，所以“留”字用“田”字作形符。

古人为什么用“卯”字作“留”字的声符呢？因为“卯”字本义为“将一物从中间劈开”，它是“剖”字的本字。“剖”字又引申指“杀”，因而“卯”也有“割”的意思。因“留”字有庄稼收割后的遗留之义，所以古人用“卯”字作“留”字的声符并会意。

小篆的“留”字由金文演变而来，成了个上下结构的形声字兼会意字。上面的“卯”字是声符兼表意，下面的“田”字作形符。楷书的字形由小篆演变而来写作“留”。

“留”字的本义指“田间收割有遗留”，后引申泛指有“遗留”，如留给、留言、留置、残留。由此又引申指“停止在某一地方”，如留步、留级、居留、久留、滞留。由本义又引申指“不让别人离开”，如留客、留恋、留宿、留住、拘留、扣留、挽留等。由本义又引申指“保留”，如留底、留空、留名、留念、留任、留守、留学。

“留”字还假借指“把注意放在某方面”，如留神、留心、留意。

“挽留”和“折柳”

“留”字属动词，有停止、保存、接受等意思，故有停留、保留、遗留、挽留等词汇。

说到“挽留”，人们就会想到亲朋好友分别时，依依惜别，一再挽留，最终只能互道珍重，挥手告别。在古代诗词歌赋中，有很多篇章，是写这种离情别绪的。但在写到亲人离别时，很少用到“挽留”二字，出现最多的却是“折柳”一词。西周《诗经·小雅·采薇》中写道：“昔我往矣，杨柳依依；今我来思，雨雪霏霏。”这儿说的是离别的人在桃红柳绿，春色满园的时节远去，归来时已是雨雪纷纷的寒冬了。在这里，作者借两种不同的场景，烘托离别时愁苦的心情。后来有不少乐府民歌，常以杨柳来表白离别情怀。

在唐诗中，以“折柳”抒发离别时挽留心情的诗作更多了。李白有诗云：“谁家玉笛暗飞声，散入春风满洛城。此夜曲中闻折柳，何人不起故园情。”诗中“闻折柳”三个字，把哀伤的思乡之情，离别之苦表达得淋漓尽致。由此可见，“折柳”是人们寄托难分难舍、相思之苦的一种表达方式。所以，古人在分别时，常用折下的柳树枝来送别，后来成了一种风俗。

究其根源，是因为汉字中“柳”字与“留”字谐音。人们希望通过“折柳”，来表达“挽留”离人的心情。亲朋好友，依依离别，这种难以割断的深情，就像春日随风飘扬的柳絮，绵绵不断；就像随风飘荡的柳枝，频频挥手致意。人们在折柳相送时，也意在祝愿远去的亲人能如同折柳一样，走到哪儿都能很快扎地生根，俱有顽强的生命力，祈盼他们在异乡客地入乡随俗，随遇而安，平安度日。世人都知道，柳树是最宜成活的，“无心插柳柳成荫”啊。

据史记载，在古代长安灞桥长堤上，每隔十几步便有一棵柳树。这儿是进出长安的必经之路，因而很多人在此送别。在微风吹拂垂柳时，人们折下柳枝，赠与离别之人，祝他们一路春风，“挽留”与“折柳”，在这儿有了完美的结合，更使这送别场面充满诗情画意和真情实意了。

水急速流动

流

“流”字是个左右结构的形声字兼会意字。左边的“三点水”作形符，表示跟水有关；右边的“㐬”字读“liú”，作声符并会意。

“㐬”字与“水”字组合，指“水急速流动”。因指的是水急速流动，这跟水有关，所以古人用三点水作“流”字的形符。

古人为什么用“㐬”字作“流”字的声符呢?

甲骨文的“㐬”字是个会意字，字形表示妇女生孩子，这是个带血水倒生的孩子。头朝下是顺产，孩子忽的一下就生下来了，有顺利、急速的意思，也有“突然”的意思。此义后来借“突”字表示。“㐬”字就专门表示“顺畅、顺通”之义。后来这“㐬”字作了偏旁，不再单用，古人就在“㐬”字左侧加三点水写作“流”，表示流畅、顺畅。从这个意义上讲，“㐬”字是“流”字的本字，是最早的“流”字，所以古人用“㐬”字作“流”字的声符并会意。

楷书的字形由小篆演变而来，写作“流”。“流”字的本义指“水流急速涌出”，如川流不息。

“流”字由本义引申泛指“液体移动”，如流水、流汗、流速、流血、流淌、暗流等。

“流”字由本义又引申指“像水流的东西”，如电流、寒流、气流、热流、人流。又引申指“江河流水”，如洪流、海流、流域、溪流、支流、顺流、激流等。还引申指“移动不定的”，如流浪、流寇、流离、流动、流星、流沙、流窜、流通。由上义引申指“传播”。如流行、交流、流传、流毒、流感。还引申指“向坏的方向转变”，如流弊、同流合污。又假借指“派别、等级”，如流派、三教九流、流氓。

金文

小篆

流

隶书

流

楷书

名人错字也风流

在许多名胜古迹中，我们常看到名人要人写的对联匾额或石碑石刻，他们的墨宝千古流传，供后人瞻仰欣赏。有些墨宝，出于书法艺术的需要，多一点或少一画，这已约定俗成，成了共识，大家能看懂，不以为错，反以为美了。

到过杭州西湖“花港观鱼”景点的游客，见过石碑上的“鱼”字竟然少了一点。这是康熙皇帝题的，这明显是个错字。这常用字康熙再怎么糊涂也不会写错。据说，他是故意为之。因“鱼”下四点为火。火烧鱼属杀生。康熙有好生之德，为让鱼儿游入水中不受火烤，故而少了一点。

山东曲阜的孔庙，是孔圣人的故乡，是最有文化的地方。到达孔府，未进大门，便能看到大门正上方挂着一块蓝底金字“圣府”匾额，两侧有副对联是这样写的：

与国咸休，安富尊荣公府第。
同天并老，文章道德圣人家。

“咸休”指同享福禄。据说这是清朝大臣纪晓岚写的。他将上联中的“富”字少写了一点，意为“富”不出头，指“富贵无头”。下联中“章”字下面一竖一直通到上面，意为“文章通天”。这些人们都能意会，无伤大雅。

到过扬州大明寺平山堂的游客，不知留意过没有，在平山堂左边挂有一匾额，上书“风流宛在”四个大字。此匾是清朝光绪初年两江总督刘坤一所写。他是为追念曾在扬州主政多年的北宋大文学家、政治家、大学者欧阳修所作。在这四个字中，“流”字上面少了一点，而“在”字下面却多了一点，这两个字看上去怪怪的，有点莫名其妙。但知情者却会告诉你：这少一点多一点其真妙不可言。欧阳修是位大诗人。扬州美女如云，这位风流太守在扬州留下不少风流韵事。而这位刘总督对八百年前的老前辈有所不敬，他居然借此机会，诙谐一把，提醒他“少点风流，多点实在。”少一点，多一点的用意，大概就在于此吧？

liú
榴

落叶小乔木——石榴

“榴”字是个后起字，《说文解字》中未收入。

小篆的“榴”字是个左右结构的形声字兼会意字。左边的“木”字表示跟树木有关，右边的“留”字读“liú”，作声符并会意。这个“留”字是“瘤”字简省的写法。

“木”字与“瘤”字组合，指一种落叶灌木或小乔木——石榴。因石榴是指从石榴树上长出来的，所以古人用“木”字作“榴”字的形符。

古人为什么用“瘤”字作“榴”字的声符呢?

“瘤”字指皮肉上长出肿块的意思，这就是如今人们谈“瘤”变色的“肿瘤”，人们将此称为“毒瘤”“赘（zhuì）瘤”“根瘤”。而石榴树上长出的果实石榴就像赘瘤，所以古人用“瘤”字简省的“留”字作“榴”字的声符并会意。

楷书的字形由小篆演变而来，写作“榴”。

“榴”字的本义指“石榴”，如石榴树、石榴花。石榴花火红的颜色称“榴火”。

“榴”字由本义假借指“炮弹”，如榴弹，这是一种依靠炸药爆炸后产生的碎片、冲击波来杀伤或摧毁目标的炮弹，也泛指“手榴弹”“枪榴弹”或用炮发射的榴弹等，如榴弹炮、榴霰弹等。

榴
小篆

榴
隶书

榴
楷书

榴花洞续联奇缘

唐朝末年，在福州城内有家姓吴的富商，生有一女，名叫青娥，年已十八，尚未出阁。

唐僖宗年间，黄巢率起义军南下，福州城的百姓，纷纷逃往城外避难。吴家更是兴师动众，除了金银细软，还把宝贝女儿和年迈的父母安置到盖山山脚下一座山洞里。洞里有清溪流出，洞外有石榴树，果实累累，故此洞名为“石榴洞”。洞外盖有一间木板房，床铺锅灶齐全，本是吴家酷夏来此避暑用的，如今碰到兵患，当作避难所了。住了几日，战事似乎平静，两位老人患病，青娥父母便送老人回城找医生治病，留下些柴米和两个丫环陪着青娥，待城里太平了，再接她们回去。

过了几日，仍不见有人来接，青娥正焦急，忽听离洞不远处的树丛中有人走动，待走近一看，是名书生模样的青年，拄着树枝，哼哼唧唧地挣扎着走下山来，看样子不是凶徒。青娥叫两个丫头将他搀扶到洞口。相问之下，方知书生名叫王玉章，与家人走散了，因天黑路滑，跌了一跤，脚踝扭伤，行走不便，加之连日滴水未进，已饿得头昏眼花，寸步难行了。青娥听罢，烧水煮粥，王玉章喝饱了粥，精神好了许多，便坚持要离开这儿，另寻别处。青娥见他知书识礼，有心试试他文才，便指指洞口石榴树，吟出一句上联：

既有石榴何须桃？

这上联是个谐音联。“石榴”二字当作“实留”解。“桃”字当作“逃”字解。王玉章才高八斗，是位作对联的高手，他随即回应道：

若无橄榄焉得藕？

这下联与上联对仗，也是谐音联。“橄榄”是可食的果实，与石榴相对，这儿又作“敢揽”解。“藕”字可作“偶”字解。意为，若不是敢揽下这个事，怎么能得到佳偶？也就是说，怎能成双作对啊。

这一说，两心相通，两情相悦，下面的故事，任由读者自由发挥，也用不着笔者狗尾续貂了。

柔韧纤细的柳

liǔ

柳

甲骨文

金文

小篆

柳

隶书

柳

楷书

“柳”字是一个形声字，左边的“木”旁是它的形符，说明它是木头的一种，右边的“卯”是它的声旁。

柳树的生命力极强，它不需要太多的照料，因此人们常说“有心栽花花不开，无意插柳柳成荫”。由于柳树在初春时节就开始抽枝发芽，所以民间把柳树看成是春的使者，春的象征，不少地方至今还保留着在清明节早上吃“杨柳饼”的习俗。

柳枝在微风中随风飞舞、婀娜多姿，不禁使人联想到女子美丽的容颜。于是，人们用“杨柳腰”形容女子纤细柔美的腰肢，用“柳叶眉”形容女子又细又长的眉毛。

柳树细长的枝条和容易生长的特点，也被古人们用来寄托情思。送别友人时，折柳相赠表达恋恋不舍的离别之情；恋人相爱时，以柳作喻，表达绵绵的相思之意。

“柳”字还作为姓氏使用。

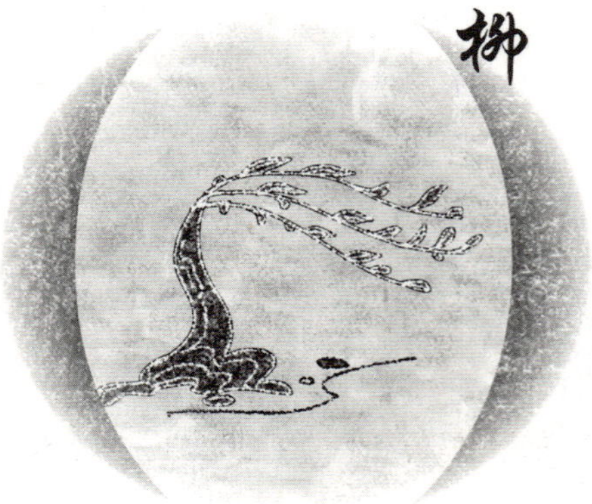

小姑娘姓柳

对“柳”字，有这么一个字谜故事。

清朝乾隆年间，山东有三个秀才去参加乡试，路过一条小河，见一个貌美如花的姑娘在那里洗头，不由心生爱恋，争先恐后地上前请教姑娘的姓氏。

姑娘微微一笑，说道：“奴家年方二九，生于寅末辰初。这便是我的姓氏，你们就慢慢猜吧。”

三个秀才你看看我，我望望你，都猜不出来，只得怏怏而去。

在乘船渡河的途中，三个人遗憾地聊起这件事，被撑船的艄公听见了，忍不住插嘴道：“亏你们还是秀才，连这么简单的谜也猜不出来。”

三个秀才不服气，不相信艄公能猜中。只听艄公一字一句说：“二九就是十八，十八合在一起是个木，寅后辰前是卯，木和卯并在一起不就是个‘柳’字嘛。”

三个秀才这时才惊呼起来：“啊，原来她姓柳啊。”

柳暗花明

一加五所得——六

liù

六

甲骨文

金 文

小 篆

六
隶 书

六
楷 书

甲骨文的“六”字是个象形字，字形就像古人所盖的原始圆形简易房：顶部用茅草覆盖，四周用杂木树枝围成一圈，顶部中央扎成一个疙瘩，这是最早的“庐”字。

金文的字形跟甲骨文相似，但到了小篆就不像茅庐状了，隶变后的楷书就写成了“六”字。

“六”字的本义指“茅庐”，后借用为数词。表示数目字，指“一加五所得为六”。

“六”字是个多音字，读作“liù”时，当数目字用。人们把猪、牛、羊、马、鸡、狗称“六畜”，中医把胃、胆、三焦、膀胱、大肠、大肠称“六腑”；佛教指眼、耳、鼻、舌、身、意为“六根”，这六根是罪孽的根源，这就是“六根清静”；上、下、前、后、左、右，泛指周围各个方面为“六路”，这就是“眼观六路，耳听八方”；父、母、兄、弟、妻、子属“六亲”，“六亲不认”即不认自己的亲人。指不近人情、不讲情面；心、肺、肝、胆、肾、脾称“六神”，泛指心神，这就是“六神不安”“六神无主”；古代指礼仪、音乐、射箭、驾车、识字、计算等六种科目为“六艺”；佛教指色欲、形貌欲、威仪姿态欲、言语音声欲、细滑欲、人想欲称为“六欲”。

周亮工妙测“六”字

测字名家周亮工，生于明清之交。他是个博学多识、精通文史、擅作诗词的人。明崇祯十三年中进士，次年进入仕途，任山东潍县县令。他一生有两大嗜好，一是收藏文房四宝，二是为人测字解难。

有一天，周亮工一亲戚带来一邻居，前来求测问事。周亮工问：“测什么字？问何事？”来者是个中年汉子，似有满腹心思。他回答道：“你是测字名家，我先不说问什么事。今日是六月初六，我就测个‘六’字吧。”说罢，提笔在桌上的方格纸上写了个“六”字。

周亮工接过方格纸，端详了来者写的“六”字，惊讶道：“哎呀，你要问的可算是大事啊。你看这‘六’字有‘大’字形，不过已经分裂了。”来者不解，问：“此话怎讲？”

周亮工说：“我以字测事。你看这‘六’字，虽有‘大’字形，却被分成三块。上面一点，当中一横，下面一撇一捺。‘大’字原为‘大家’‘众人’之事，后来却由一人承担。这众人大事虽由一人承担，因此人心诚志高，此事能够办成。何以见得？因‘大’字中的‘人’字虽被分在三个地方而成‘六’字，但当中一横把它们聚拢起来了，所以这大事本有可能办成。只因有人从中作梗，故而此事恐难办成。”

求测者听了，惊叫道：“天哪，你测的真准啊。我所在的乡镇，本想拨出几担稻谷，接济一些穷困的读书人，我四处奔波，县令也同意了。无奈当地一乡绅从中作梗，此事一直没办成。”

周亮工撇开此事，问求测者：“你的大事，不仅这一件。请问你有兄长吗？”求测者点头答道：“有一长兄，年事已高。”周亮工轻声说：“你的兄长恐不久于人世了。”求测者面有不悦，追问道：“他在家好好的，你何出此言？”

周亮工指着方格中的“六”字说：“这‘六’字下面左为兄，右为弟。你将左边一撇甩出方格之外，可见他已出格了，据此我猜测他活不长了。”半月后，周亮工的亲戚来报，求测者的哥哥去世了。

这故事荒诞不经，神乎其神。但它能把只有四个笔划的“六”字，讲得头头是道，天衣无缝，合情合理，也是蛮见功夫的。

lóng

龙

甲骨文

金 文

小 篆

龍

隶 书

龙

楷 书

传说中的神奇动物——龙

甲骨文的“龙”字是象形字，它的本义指“传说中的一种神奇动物”。它的字形有两种：一种像草原上的大蟒蛇，还有一种像长江里的扬子鳄。整个字形的上部像蟒蛇的舌信，中间是蛇的大嘴，嘴里长着毒牙，弯曲而下的是蛇身。

金文的“龙”字，已有图案化、艺术化的特点。蛇的口形张大，身体蜷曲，显示了龙的神秘性。

小篆的“龙”字体现了雄壮浑厚气势，右半部分的躯体变得更长，甚至用弯折来表现，左半部显得很怪异，更显出“龙”字的神秘性。

楷书的“龙”字更加完美了，它不再是那种张牙舞爪的可怕形象，而是能呼风唤雨、腾云驾雾的吉祥瑞兽了。

“龙”字是由先民们惧怕蛇的意识产生的。当龙成为人们崇拜的偶像时，已是牛耳、鹿角、虎掌、鹰爪、蛇、鱼等构成的动物的复合体，是人们想象中的神奇动物。千百年来，它具有无穷的吸引力，成了中华民族的象征，所以炎黄子孙自称是龙的传人。

由于龙既神奇又神圣，所以“龙”引申为帝王的象征，皇帝穿的用的都带龙字，如龙袍、龙床、龙座，就连皇帝的脸也称龙颜，如龙颜大怒。

形状像龙的或装有龙的图案的事物，如龙舟、龙灯、龙车。

古生物学指古代某些动物，如恐龙、翼手龙。

龙，也作姓氏用。

独眼龙写“龙”字

繁写的龙字有十六画，写起来麻烦。简化的“龙”字只有五画，虽然没有古代的龙字那样传神，但还有一点龙的影子。你可以想象，这是一条侧着身子、高昂头颈的龙，那突出的一点，你尽可看作是“画龙点睛”的龙的眼睛。

话虽这么说，但这“龙”字毕竟是个符号，已不是当初的象形字，更不是图案了。可有个人却特别较真，他写的“龙”字非得有两点。为什么？这里有段故事。

却说山西五台县有个龙头村。村子的人大都姓“龙”，其中有个大汉叫龙万全。此人虽名叫万全，可惜五官不全。几年前，他与人斗殴，被打瞎右眼，因他为人霸道凶狠，加上他姓龙，又是独眼，人们背地里都称他“独眼龙”。龙万全靠当煤窑老板起家，现在已是千万富翁了。别看他小学文化水平，可满脑子光宗耀祖的思想。他出资修建村里的龙家祠堂，并提出，挂在大门口匾额上的“龙家祠堂”四个字得由他写。

村里人不敢惹他，只好由着他。

龙万全把匾额写好，大家一看，不由都愣住了。原来，他把“龙”字写成了“龙”字，上面一弯上多一撇，成了个“龙”字左上角多了一点的怪字。龙万全未作解释，但众人心里明白：他怕人家说他独眼龙，他写“龙”字时在左边加了一点，说明这“龙”字是两个眼睛，不是独眼。

匾额挂出来后，引得过往行人指指点点，反而把独眼龙的外号传得沸沸扬扬。龙万全自觉无趣，让人重写了个匾挂上。

龙万全以为有钱能使鬼推磨，只要他出钱，就能按他的要求造个字。其实，文字是经千百年锤炼，由社会约定俗成的，哪能由他一个人写了算呢。

耳朵听不见声音——聋

lóng
聋

甲骨文

金 文

小 篆

聾
隶 书

聋
楷 书

“聋”字是个上下结构的形声字兼会意字。下面的“耳”字是形符，表示跟人的耳朵有关，跟听觉有关；上面的“龙”字是声符，读“lóng”，也可看作是“笼”字简省的写法。这两个字形组合在一起，表示“耳朵听不见声音”。就是我们常说的耳朵“聋”了。从医学角度讲指“听觉器官失灵或迟钝”。

甲骨文和金文的“聋”字字形不一，难以判断其含义。小篆的“聋”字表义较为明显，以“龙”和“耳”组合，指“耳朵听不见”。

古人为什么用“龙”字作“聋”字的声符呢？我们应把“龙”字看作是“笼”字简省的写法。因“笼”字有“笼罩”和“罩住”及“遮盖”的意思。声音被遮盖、罩住就传不出去，耳朵也就听不到所发出的声音了，所以“聋”字用“龙”字作声符并会意。

“聋”字的本义指“耳朵听不见声音或听力差”，如“聋子”“耳聋”“聋哑”；形容声音很响称“震耳欲聋”；“振聋发聩”指使耳朵聋的人也能听见，比喻使糊涂的人觉醒，“聩”字指耳朵聋。

攀龙即作聋

汉字不仅可以写成歌谣传唱，制作成谜供人娱乐，就是在平时，也可将汉字拆开，相互开玩笑，以此取乐，颇多趣味，雅俗共赏。

古时候，文人相聚时，特别喜欢拿姓名拆字开玩笑。《渑水燕谈灵》一书中，记有这样一则故事。

北宋年间，京城有两位文化名人，一位名叫郭忠恕，另一位名叫聂崇义。一日文人相聚时，郭忠恕拿聂崇义的姓氏开玩笑，说："聂兄，你明明只有两只耳朵，却偏取三耳为姓。在下有四句话相赠，望勿见外。"

聂崇义大度地说："但说无妨，我听着。"

郭忠恕吟道："阁下姓聂，近贵为聩，攀龙作聋，虽然三个耳，总是未为聪。"

郭忠恕在这句话里提到三个字。"耳"加"贵"为"聩"，这个字读（kuì），指耳聋昏聩；"耳"加"龙"即聋哑的"聋"；"耳"加"总"为"聪"，表示听觉敏锐，耳聪目明。但郭忠恕说他"终是未为聪"，指他仍是耳朵不灵光。四句话，三个字，都带有贬义，还用攀龙附凤，阿（ē）附权贵的语气调侃聂崇义，这个玩笑开得有点过分，不难看出，郭忠恕为人也欠厚道。

聂崇义听罢，不动声色，先打个招呼："在下不会作诗，写句上联，聊以奉酬，请勿见笑。"说罢，针锋相对地吟出八个字："有三耳犹胜蓄二心。"

聂崇义姓中有三"耳"，他认为有三耳要比三心二意好。因为郭忠恕名字中有两个"心"字，所以他用贬义词三心二意来回敬他。

不知郭忠恕对出下联否？

lóng

隆

小篆

隆

隶书

隆

楷书

高高地隆起

古代的“隆”字，是个左右结构的形声字兼会意字，由“生”和“降”这两个字组成。“生”字为形符，表示跟生长有关；“降”字作声符，读“jiàng”。两形合一，指“从平地高起”。

“生”字有草木生长之义，而草木生长出土后有逐渐升高之义，所以“隆”字以“生”字为形符。

古人为什么用“降”字作“隆”字的声符呢？因为“降”字有从高山往下走的意思。既然是从高山向下走，也就含有“高”的意思，因此古人用“降”字作“隆”字的声符并会意。

“隆”字的本义指“从平地高起，凸出来”，如人们把高起、凸出的地方称为“隆起”，高鼻梁称“隆准”。

天的形状是中间高四周下垂的样子，所以人们把高起成拱形的样子称“穹隆”（qióng lóng）。

既然隆起、凸出，也就有不同一般、显得突出的样子，所以“隆”字由本义引申指“兴旺、兴盛”，如隆盛、兴隆。由这层意思，又引申指“盛大”，如“隆重”。由此又引申指“程度深、深厚”，如一年最寒冷的时节称“隆冬”，也称“隆寒”。人们也把深厚的感情称为“隆情”或“隆恩”。

“隆”字也作象声词用，如炮声隆隆。

“隆”字是个多音字，读作“lōng”时，假借指黢（qū）黑、黑黢黢的，看不清，这就是“黑咕隆咚”。

“隆”字也作姓氏用。

“隆化”变“降死”

古代的帝王，对自己当国君时的年号是很看重的，他一定要挑最吉利、最兴旺、最能使他长治久安的词来作他的年号。如唐太宗的“贞观”、宋太祖的“建隆”、明太祖的“洪武”，清高宗的“乾隆”……这些都是历史上留下盛名的年号。如“乾隆”年号长达六十年之久，可算是大吉大利祥瑞到极点的年号了。

有人说，这乾隆老皇帝，之所以兴隆一世，全得益于他年号的“隆”字，此说未必正确。历史上用“隆”字作年号的多着呐，却不是都有好结果，北齐的后主高纬便是一例。

我国历史上有个魏晋南北朝时期，这一时期是中国北部民族割据，也是各民族走向融合的时代，其间经历了三百多年。

在这割据的政权中，有个朝代叫“北齐”。北齐存在的时间不长，前后共27年。北齐由文宣帝高洋创建，他有个儿子叫高纬，也就是后主。高纬前面几个皇帝都是短寿命，在位两三年便死了。他继位后，改年号为“天统”，五年后又改年号为“武平”，最后又改年号为“隆化”。他在位十二年，后来被北周军队逼迫，将皇位让给自己的儿子高恒，自己称“太上皇”，后来又称为“无上皇”，又封为“温国公”，头衔大得吓人。但他退位后并没有得到周军的怜悯，仍被杀害。这个太上皇死时年仅二十三岁，只能算是小青年。他儿子继位不到一年北齐便被北周灭了。

后人分析高纬被害原因时，都认为他最后改的年号不好。人们将“隆化”二字拆解后，发觉是“降死”二字，也就是说他投降北周，不得不死。

古时的字是由上而下竖写的。“隆化”二字竖写相连时，上面是“降”字，而“隆”字下面那一横与下面的“化”字合在一起，好似“死”字。尽管这“死”字并不太像，但古代测字先生或相信字谶（chèn）的人就抓住这一点大做文章，以显示自己的高明。

围于坟外的矮墙——垄

lǒng

垄

小篆

壟

隶书

垄

楷书

“垄”字是个上下结构的形声字兼会意字。下面的“土”字是形符，表示跟泥、土地有关；上面是“龙”字，读“lóng”，作声符并会意。

“龙”字与“土”字组合，指“围在坟墓外面的矮墙”，这些矮墙都是由泥土筑成的。因是指用泥土筑成的矮墙，这跟泥土有关，所以古人用“土”字作“垄”字的形符。

古人为什么用“龙”字作“垄”字的声符呢？

甲骨文的“龙”字是个象形字，字形像传说中的神异动物龙的形状，蛇身、有爪、身上有鳞、有角、有脚、能走、能飞、能游泳、能兴云降雨，其实是闪电的神化形象。围绕坟墓筑的土墙，上面长草，有如盘曲于坟外的长龙，跟满身是鳞、盘曲多变的长龙有相似之处，所以古人用“龙”字作“垄”字的声符并会意。

楷书的字形由小篆演变而来，写作“壟”，现简化为“垄”。

“垄”字的本义指“围绕坟墓的低矮土墙”。由本义引申指“坟墓”，如丘垄、垄墓。

“垄”字由本义引申指“像垄的东西”，如垄和垄之间的沟，用来灌溉、排水或施肥用的称“垄沟”；把农作物种在垄上，或把行间的土逐渐培在作物的根部形成垄这叫“垄作”；屋顶上用瓦铺成的凸凹相间的行列叫“瓦垄”，也称“瓦楞”；田埂、田间稍稍高起的小路称“田垄”。“垄”字假借指“垄断”，把持和独占称“垄断”，如垄断市场、垄断集团。

“垄”和“垄断”

“垄”字作名词用，指在耕地上培成的一行一行的土埂，在上面种植农作物，如垄沟。“垄”字也作田地分界的稍稍高起的小路，也指田埂。有个词叫“垄断”，是政治与经济的术语，为大家所熟悉。说到它的出典，有段历史故事。

孟子是战国中期的思想家、政治家、教育家。孟子虽出身于鲁国贵族，但在齐国做过几年官。后来他要与门生公孙丑、万章等人著书立说，便想辞官回家乡开馆讲学，培育人才。齐国国君齐宣王听说后，便登门看望他，想极力挽留他，但孟子坚持要走。

齐宣王见挽留不住，便对大臣时子说：“我能否在京城临淄（zī）市中心买块地，给孟子建几幢房子让他办学？每年再拨万石粮食供他和弟子食用？这样我和官员可随时向他学习和请教了。你将我的心意转告孟子。”时子将齐宣王的话转告给孟子。孟子听了，请时子转达他对齐宣王的谢意，但仍坚持回家乡的意愿。

待时子走后，孟子对几位弟子说：“古代人相互间买进卖出做生意，都是用自己手里已有的东西去向别人交换自己所没有的东西，所以负责这方面事务的官员没有什么麻烦事，只要稍加管理就行了。但有一天，市场上出现了一个卑鄙龌龊（wò chuò）的小人。他爬上市场当中一块高地，站在上面东张西望，摸清买卖的货物品种，数数交易的人数，听听各人口中的价格，他掌握这些，就是企图控制这市场，要把交易中的所有利益都收归已有。结果市场上所有的人都讨厌他，要求相关官员征收他的税钱。征收商业营业税就是从这个人开始的。”孟子这番话的意思，是委婉地批评齐宣王，说他想以几幢房子和一万石粮食垄断人才。孟子的这段话，记载在《孟子•公孙丑》一书中。原话是这样的：“有贱大夫焉，必求垄断而登之，以左右望而罔利市。”

在这段话中，用了“垄断”一词。“垄”指高高的土墩，“断”指隔断和隔开。原义指站在集市的高岗上操纵买卖，左右物价，后来人们就以这个词泛指“把持”和“独占”。这就是“垄断市场”“垄断集团”。

lóu

楼

两层以上的房屋——楼

“楼”字是个左右结构的形声字兼会意字。左边的“木”字作形符，表示跟木料或树木有关；右边的“娄”字读“lóu”，作声符并会意。

“木”字与“娄”字组合，指“两层以上的房屋”。古人造房子，除了砖瓦泥土之外，主要靠木料搭建，所以用“木”字作“楼”字的形符。

古人为什么用“娄”字作“楼”字的声符呢？

甲骨文的“娄”字是个会意字，字形像妇女头上顶着一样东西，且两手举起扶着。这东西便是盛物的竹篓。古代“男子多负，女子多戴”，就是指男子多肩扛背负，女子多用头顶物，和如今日朝鲜族妇女头顶水罐一样。妇女用头顶物时，头顶上放一草编圆环，叠放头上作垫子，这就有重叠高出之义。后来古人造了个“篓”字表示竹篓，重叠之义便由“屡”字承担，“屡”字也表“多次、重复”，而楼房是多层的，也有重叠重复之义，可见古代的“屡”字与“娄”字是相通的，所以古人用“娄”字作“楼”字的声符并会意。

楷书的字形由小篆演变而来，写作“樓”，现简化为“楼”。

“楼”字的本义指“楼房”，如高楼、顶楼、楼台、楼上、城楼、茶楼、阁楼、炮楼、竹楼、钟楼、鼓楼等。

“楼”字由本义引申指“楼房的一层”，如三楼、五楼、十八楼。

樓

小篆

樓

隶书

楼

楷书

"楼"字和"千里尸至"

"楼"字是个名词，一般用来指楼房，也就是两层或两层以上的房子。

从字面上看，"楼"字跟"千里尸至"这恐怖又凶险的词是毫不搭界的。但到了测字先生嘴里，三绕两绕就能将两者连接起来，说得你心悦诚服，信以为真。

清朝末年，民国之初，江苏常州有位测字名家大不同。至于他究竟姓什名谁，已无从考查，因为他的测字手法跟测字结果，与同行大不相同，故时人称他为"大不同"，因他名气大，当地人反而将他的真实姓名忘记了。

大不同测字与别人不同就在于他事前没有准备一批字让求测者抽取，而是任由求测者写一个字或说一个字来测，这就增加了测字的难度。

有一天，有位住在武进县的老人，特地赶到常州城，请大不同测个字。他进门便说："老朽姓楼，你就为我测个'楼'字吧。"

大不同提笔写了个"楼"字问："老先生测何事？"

老人说："我儿子远在东北长白山森林伐木，往常都是一个月一封信，报个平安，如今已两个月未收到他信了，不知凶吉如何，请先生推断。"

大不同看着老人，凝视良久，又看看"楼"字，摇摇头说："老人家，就'楼'字来看，实在不佳啊。我不忍心说，但又不得不说，你儿子凶多吉少啊。"

老人大惊失色，急问道："这话从何说起？"

大不同回答道："楼者，两层屋也。两层屋即'重屋'二字拆开，'重'字为'千里'，'屋'字为'尸至'。你要测个楼字，结论便是'千里尸至'，只怕令郎已亡故，遗体将在近日由千里之外运回家乡了。"老人听罢，含泪而去。

事后有人问大不同，何以作此推测？大不同回答道："我上月去上海，见报上登载，东北长白山发生森林大火，伐木工死伤无数，楼先生儿子，恐也在劫难逃，故我做此推测。"

lòu

漏

屋顶漏雨

“漏”字是个左右结构的形声字兼会意字。左边的“三点水”作形符，表示跟雨或水有关；“漏”字右边的“屚”字读“lòu”，作声符并会意。

“屚”字与“水”字组合，指“屋顶漏雨”。因是指屋顶漏雨，这跟雨水有关，所以古人用“水”字作“漏”字的形符。

古人为什么用“屚”字作“漏”字的声符呢？

小篆的“屚”字是个上下结构的会意字。上面的“尸”字读“shī”，本义是“代死者接受祭祀的人”，指“尸体”，但有些从“尸”的字本不是从“尸体”的“尸”，而是由房屋等形变来的“尸”，如房、居、层、屋等字。这儿的“尸”字，是指古代半地下穴居房屋上面一层用草覆盖的顶部之形。

“屚”字下面是“雨”字，两形合一，指“屋顶漏雨”。隶变的楷书写作“屚”。后来“屚”字作了偏旁，古人就在左边加三点水写作“漏”，专门表示屋顶漏水。由此可见，“屚”字是“漏”字的本义，是最早的漏字，它理所当然地成了“漏”字的声符并会意。隶变后的楷书写作“漏”。

“漏”字的本义指“屋漏”。“漏”字由本义引申指“物体由孔缝透过或滴出”，如漏洞、漏斗、漏壶、漏钟、漏失、漏光、漏风、捡漏、渗漏、漏勺。“漏”字由本义引申指“泄露”，如漏底、漏电、泄漏、透漏、走漏。“漏”字还由本义引申指“遗漏”，如漏税、缺漏、疏漏、脱漏、错漏、挂一漏万。

漏

小篆

漏

隶书

漏

楷书

“漏”和“纰漏”

“漏”字作动词用，指东西从孔或缝中滴下、透出或掉出，如桶里的水漏光了。此外还有泄漏、遗漏等意思。

有个词叫“纰（pī）漏”，这是句俗语，指因粗心而产生的差错，出现的小事故或漏洞。凡出现这种情况，不少人会说句：“出纰漏了。”这儿的“纰”字指布帛丝缕等被破坏、披散，所以与“漏”字组合就有出差错、有漏洞的意思。有人会误将“纰”字写成“屁”字。虽然出纰漏是件不好的事，但与放屁或屁股无关。

说到“纰漏”一词，古代有段民间故事。

离今一千七百多年前的东晋时期，有位大臣名叫王敦，是琅琊临沂人，即今山东临沂人。王敦是晋武帝的女婿，官至镇东大将军，掌控军政大权多年。凡此不必多说。这里只说他由一名平民娶了晋武帝女儿为妻后，住进豪华驸马府的一件事。

王敦进了驸马府，对宫廷生活习惯和各种规矩一无所知，他是军人，行事粗放，不拘小节，又不虚心向人请教，由着性子来，就不免办错事，出洋相了。

这天，王敦进厕所出恭。他见厕所小茶几上的小盒子里放着一盒干枣，他以为是小零食供人随意吃的，就一粒接一粒，把盒子里的干枣吃光了。后来才知道，这些小干枣是用来塞鼻孔防止臭味的。

王敦吃完干枣，从厕所出来，一群宫女端着金盆和琉璃碗围了上来。金盆里装着清水，碗里装着澡豆。王敦也不询问宫女，以为是送食品给他充饥的。他端起碗里的澡豆倒进金盆的清水里，然后晃了晃，搅匀后，一仰脖子，大口大口地喝了下去。此举惊得宫女们大呼起来：“使不得！使不得！这是让你洗手的！”

原来，这澡豆是用一种豆沫加草药制成，有股芳香味儿，供人便后洗手用的，就像今人用洗手液一样。

王敦这些不光彩的糗（qiǔ）事儿，被南朝时一位名叫刘义庆的文人，写进笔记小说集《世说新语》里，这则故事的篇名就叫“纰漏”，于是，这一词就流传下来，成了今日人们的常用语。

烧水煮饭的火炉——卢

lú

卢

甲骨文

金文

小篆

盧
隶书

卢
楷书

简体字“卢”和繁体字“盧”相比，已变得面目全非了。对“卢”字的来历，有多种不同的说法。

有人认为甲骨文的“卢”字，是个上下结构的象形字兼形声字。上半段有炉子的身形，下面的款足有炉灶底座的样子。或者可看作下面是“火”字作形符，表示跟火有关，上面是虎字头“虍”，读“hū”，在甲骨文和金文中是个象形字，字形像老虎，与“虎”字是同一个字，本义指“老虎”，在这儿，“虍”是声符。这两个字形组合在一起，指“火炉”。后来，“盧”字专门用来表示“黑色”，并且作了偏旁，古人就在“盧”字左边加个火字旁来表示“火爐”，这样“盧”字就变成了“爐”字的声符了。如今，“盧”字表示黑色及火炉这两个意思均消失了，主要作姓氏用。

也有人认为，甲骨文的“卢”字是个象形字兼形声字，字形像一个装饭食的器皿，这器皿大都用竹篾或柳条编成。上面像器身，下面像底座。金文的字形发生了较大变化，变成了以“皿”为形符，以“虘”为声符的形声字。“虘”字读“lú”，隶变后的楷书写作“盧”，后简化为“卢”。

“皿”与“虘”这两个字形组合在一起，表示“装饭食的器皿”，本义也是指“装食物的用具”。如今，这个本义也消失了。“卢”字除了用作姓氏，也用于译音，如印度、巴基斯坦等国货币“卢比”，俄罗斯等国货币“卢布”。

姓名之辨伤和气——卢

文人相聚，搞点文字游戏，相互开个玩笑，显显才华，助助雅兴，皆大欢喜。但也有人会借题发挥，趁机报复，闹得两败俱伤，伤了和气，败了雅兴。

却说民国年间，无锡有一群文人雅士，常在崇安寺后面的同庚厅喝茶聊天。这天大家谈兴正浓，在画坛颇负盛名的卢元明进来了。

卢元明有点怪才，人也有点怪。他衣着不修边幅，待人不分对象，说话不看场合，玩笑不管轻重。他一坐下，见对面是教书先生徐之才。他与徐之才互有龃龉，极少交往，见面也是点头而已。

卢元明一向率性任意，旁若无人。他指着徐之才说："徐兄呀，你怎么取这个名字啊。'徐'字拆开是'未入人'也。'徐'字还多下一撇，就放到名字的'之'字上，不就成了徐乏才了吗？哈哈！"

徐之才听了，气得脸色一阵红、一阵白，卢元明这是在当众侮辱自己啊。"未入人"不就是说我不能列入人之列吗？称我"乏才"，不是嘲笑我无才吗？

徐之才沉住气，暗暗思索，很快，他找准机会，指指正洋洋得意的卢元明对众人说："卢兄元明，乃我锡城文坛巨擘（jù bò）。刚刚他将在下贱姓贱名折得七零八落，说得一塌糊涂，本人并不在意，玩笑而已。来而不往非礼也，在下也以'卢元明'三字拆解一番，请卢兄及在座各位指教。"

在场的人都拍手喊好。徐之才一字一句拆解道："姓'盧'的'盧'字，在'亡'为'虐'，在'丘'为'虚'；生个男的为'虏'，配匹马则成"驢"。盧兄大名为'元明'，'元'字砍了头为'兀明'，'元'字出了头为"无明"；'明'字灭半则似无'目'，变个声音则为'元盲'。无明，无目，又元盲，真是跟瞎了眼睛一样。"

徐之才一口气讲下来，将怀才自傲、目中无人的"卢元明"三字折解得淋漓尽致，将他骂了个狗血喷头。

卢元明再也坐不下去了，站起来悻悻而去。